# Al dí@

## Curso de español para los negocios

**nivel inicial**

SOCIEDAD GENERAL ESPAÑOLA DE LIBRERÍA, S. A.

SGEL

# Al dí@

## Curso de español para los negocios

### nivel inicial

**Gisèle Prost**
Profesora, HEC París

**Alfredo Noriega Fernández**
Profesor, Advancia París

SOCIEDAD GENERAL ESPAÑOLA DE LIBRERÍA, S. A.

SGEL

Primera edición, 2006
Cuarta edición, 2011


Produce: SGEL – Educación
Avda. Valdelaparra, 29
28108 ALCOBENDAS (Madrid)


© Gisèle Prost, Alfredo Noriega

© Sociedad General Española de Librería, S.A., 2006
Avda. Valdelaparra, 29, 28108 ALCOBENDAS (Madrid)


Cubierta: Carla Esteban.
Maquetación: LdTlab, comunicación gráfica.
Fotografías: Archivo SGEL, Cordon Press, S.L. y LdTlab, comunicación gráfica.
Ilustración: Javier Carbajo.

Agradecemos a Danone, El Corte Inglés y Sol Meliá su autorización para reproducir imágenes de sus sitios de Internet.


ISBN: 978-84-9778-291-3

Depósito legal: M-29229-2011
Printed in Spain - Impreso en España

Impresión: Orymu, S.A.
Encuadernación: SIGMA

# PRESENTACIÓN

**Al dí@**, curso de español de los negocios, es un método de aprendizaje del español con fines profesionales que sigue las normativas del marco europeo.

Se dirige a jóvenes y adultos relacionados con el mundo empresarial. Está constituido por un libro del alumno, un cuaderno de ejercicios y un juego de CD. Consta, además, de una guía didáctica para el profesor.

Este curso de nivel inicial de **Al dí@** está organizado en 8 unidades, precedidas de una unidad 0 de iniciación, acompañadas de un índice de contenidos temáticos y gramaticales y de un glosario.

Cada unidad está dividida en 5 secciones:

**Sentemos bases**: introduce el vocabulario, los principales aspectos gramaticales y los temas de la unidad.

**Analicemos y practiquemos**: sistematiza el vocabulario y la sintaxis en un contexto de comunicación auténtico y activo.

**Creemos y negociemos**: propone actividades para practicar los conocimientos lingüísticos adquiridos.

**Cada día más**: introduce un tema sociocultural y quiere desarrollar la curiosidad del alumno sobre el mundo hispánico.

**El rincón gramatical**, que resume el contenido gramatical de la unidad.

**Al dí@** es un manual que va a permitir al alumno comunicarse en una situación laboral con un lenguaje claro y preciso. De igual manera, **Al dí@** presenta las bases del español usual, apto para expresarse en múltiples situaciones de la vida diaria.

**Al dí@** es un manual que conjuga prácticas pedagógicas activas con ejercicios sistemáticos para el aprendizaje del vocabulario y de la gramática. Puede ser utilizado en grupos pequeños o grandes ya que privilegia el trabajo en equipo.

**Al dí@** recurre permanentemente a todas las herramientas multimedia y favorece ante todo el uso de Internet.

Los autores

# ÍNDICE

# ÍNDICE DE CONTENIDOS

índice de contenidos y gramática

## UNIDAD 5 - *Promocionando la empresa*

**Contenido temático**

Medios y soportes publicitarios
La publicidad televisiva
El impacto de la publicidad
La publicidad controvertida
Carteles publicitarios
El mecenazgo
**Cada día más** Arte y cultura en América Latina: pintores y pinturas

**Contenido gramatical**

La continuación: *seguir* + gerundio
Pronombres personales (3): con preposiciones; en función de complemento directo e indirecto
Adjetivos y pronombres posesivos
Adjetivos y pronombres indefinidos
*Muy ≠ mucho*
Pretérito imperfecto: morfología; verbos irregulares
Gerundio: formas irregulares

## UNIDAD 6 - *El comercio hoy en dí@*

**Contenido temático**

Los alimentos
La alimentación en cifras
Las comidas del día
La mesa
La comida de negocios
Las estrategias de comercialización
El jefe de ventas ideal
El comercio justo; una experiencia de Comercio Justo en Nicaragua
**Cada día más** La gastronomía en España: platos típicos; el tapeo; la crianza del vino

**Contenido gramatical**

Números (5): millones y billones
La finalidad: *para que* + subjuntivo
Pronombres personales (4): dos pronombres en función de complemento; formas enclíticas con dos pronombres
Preposiciones: *por* y *para*
Presente de subjuntivo (1): morfología; usos del subjuntivo
Imperativo: morfología; el imperativo negativo
El superlativo

## UNIDAD 7 - *¡Hablemos de dinero!*

**Contenido temático**

La retribución
El dinero de plástico
Los medios y las formas de pago
Los bancos: Historia de BBVA
Los bancos éticos
La Bolsa de Madrid
**Cada día más** La comunidad hispana en EE UU; las mujeres latinas en EE UU

**Contenido gramatical**

Presente de subjuntivo (2): diptongación; verbos en –ir; irregularidades de 1ª persona; *haber, ser, ir, saber, estar* y *dar*
Imperativo (2): diptongación; verbos en –ir; irregularidades de 2ª persona
Modificaciones ortográficas (1)
Pronombres personales con el imperativo
Adverbios de modo
Frases condicionales

## UNIDAD 8 - *¿Y después de los estudios?*

**Contenido temático**

Historias de empresarios y empresas
Historia de Danone
El currículum vitae
La carta de presentación
Carreras
La entrevista de trabajo
Proceso de selección de personal
**Cada día más** De América al resto del mundo; la variedad del español

**Contenido gramatical**

Pretérito indefinido: morfología; *ser, ir* y *dar;* verbos irregulares
Modificaciones ortográficas (2)
Pretérito pluscuamperfecto: morfología
Uso de los tiempos del pasado
La obligación: *haber de* + infinitivo
Empleos de *ser* y *estar*

# ¡Vamos a comenzar!

## a ¿Qué decimos? ¿Quiénes somos?

**1** ¿Cómo se saluda?

¡Hola!

¡Hola! ¡Buenos días!

¡Hola! ¡Buenas tardes!

¡Adiós!

**2** **¿Cómo se llama cada persona? ¿De dónde es?**

¡Hola! Me llamo Beatriz.

¡Hola! Yo me llamo Carlos.

Me llamo Ana. Soy de Madrid.

Yo me llamo Felipe y soy de Murcia.

**3** **Y tú, ¿cómo te llamas? ¿De dónde eres?**

Me llamo _____
Soy de _____

**4** **¿Cómo se dice? Escucha, señala la frase y repite.**

PISTA 1

☐ ¿Cómo? No entiendo.
☐ ¿Qué significa?
☐ Por favor, una pregunta…
☐ Más despacio, por favor.

☐ ¿Puede repetir?
☐ ¿Puede deletrear?
☐ ¿Cómo se pronuncia…?
☐ ¿Cómo se escribe…?

☐ Gracias.
☐ Muchas gracias.

# ¿Cómo se pronuncia? ¿Cómo se escribe?

**El alfabeto. Escucha y repite.**

PISTA 2

| | Letra | Nombre | | Ejemplos |
|---|---|---|---|---|
| **Vocales** | a | a | | Alemania – Panamá – Granada |
| | e | e | | Ecuador – América – Belgrado |
| | i | i | | Italia – Irlanda – India |
| | o | o | | Oslo – Estocolmo – Córdoba |
| | u | u | | Uruguay – Perú – Moscú |
| **Consonantes** | b | be | | Bilbao – Lisboa – Bucarest |
| | c | ce | (+ a, o, u) | Caracas – Colombia – Cuba |
| | | | (+ e, i) | Ceuta – Grecia – Asunción |
| | ch | che | | Chile – China – La Mancha |
| | d | de | | Dinamarca – Santo Domingo – Madrid |
| | f | efe | | Francia – Finlandia – África |
| | g | ge | (+ a, o, u) | Tegucigalpa – Vigo – Guatemala |
| | | | (+ ue, ui) | Guinea – Guernica |
| | | | (+ e, i) | Génova – Egipto – Bélgica |
| | h | hache | | Honduras – Bahamas – Copenhague |
| | j | jota | | Japón – Países Bajos – Jerusalén |
| | k | ka | | Kenia – Tokio – Pekín |
| | l | ele | | Lima – Londres – Toledo |
| | ll | elle | | Sevilla – Valladolid – Mallorca |
| | m | eme | | Managua – Málaga – Pamplona |
| | n | ene | | Nicaragua – Polonia – Berlín |
| | ñ | eñe | | España – Cataluña – Gran Bretaña |
| | p | pe | | Praga – París – Portugal |
| | q | cu | | Quito – Turquía |
| | r | erre | | Europa – Corea – Argentina – Guadalajara |
| | | | | Rusia – Navarra – Roma – Marruecos |
| | s | ese | | Suecia – Brasil – Bruselas |
| | t | te | | Tarragona – Bogotá – Santiago |
| | v | uve | | Varsovia – Viena – País Vasco – Bolivia |
| | w | uve doble | | Washington – Ottawa |
| | x | equis | | Luxemburgo – Extremadura |
| | y | i griega | | Guyana – Paraguay – Uruguay |
| | z | zeta | | Zaragoza – Venezuela – Cádiz – Túnez |

## 2 Casos particulares. Lee y observa.

Me llamo **B**enito.
Soy de **V**alencia.

la **b** y la **v** se pronuncian
igual

¡Hola, Enri**qu**e!

¡Hola, Mi**gu**el!

la **u** no se pronuncia en los grupos
**que – qui** y **gue – gui**

el pin**güi**no

la **u** se pronuncia en los
grupos **güe – güi**

¡Hola! Soy Carmen,
de La **H**abana.

la **h** no se pronuncia

¡Hola, Juan!

¡Hola, Luisa!

Juan **y** Luisa

**y:** se pronuncia **i**

la pla**y**a es muy bonita

**muy:** la **y** se pronuncia **i**

### Nuevos sonidos:

el co**ch**e

la **che**

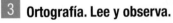

la **ll**ave

la **elle**

España

la **eñe**

## 3 Ortografía. Lee y observa.

La **c** de O**cc**idente,
la **r** de guita**rr**a,
la **l** de Sevi**ll**a,
y la **n** de in**n**ovación.

En español,
¿qué consonantes
pueden ser dobles?

¿Las letras de
**C**arolina?

Sí, las de
**C**arolina.

**4 La sílaba tónica.**

| Si la palabra tiene **tilde** o **acento gráfico** (´) indica la sílaba tónica:<br><br>Bélgica – África – América<br>Perú – Japón<br>Túnez – Cádiz | Si no hay acento gráfico y la palabra termina con una **consonante** (excepto **n** y **s**), la sílaba tónica es la última:<br><br>Ecuador – Portugal – Brasil | Si no hay acento gráfico y la palabra termina con una **vocal**, con **n** o **s**, la sílaba tónica es la penúltima:<br><br>Lima – Colombia - Barcelona<br>Caracas - Londres<br>coches – llaves – hablan – viven |
|---|---|---|

**5 ¿Cómo se escribe? Escucha y completa las palabras.**

PISTA 3

la pla__a    la cerve__a    la bote__a    el pa__io    ho__ible    el e__amen    la __erra    i__ovador
el __ine    el __ospital    el re__    el __ocolate    la anti__edad    o__idental    el gara__e    la se__orita
i__norante    el in__eniero    el __entro    el go__ierno    la __ultura    el compa__ero    inteli__ente    la na__anja
el ami__o    el par__e    el __ino    la __armacia    el profe__or    el a__ua    mu__o

**6 Nombres. Separa y deletrea los nombres.**

Carmeniñakibeatrizoswaldoyolandapilarteresajorgerafaelenriqueguillermojavieramparomercedesgraciajuancarlos.

**7 ¿Y tú? Deletrea tu propio nombre.**

**8 ¿Con o sin tilde? Escucha y subraya la sílaba tónica y añade la tilde si es necesario.**

PISTA 4

la patata    el tomate    el medico    el cafe    vivir    el arbol    el hotel    dificil    el mundo    la leccion
la crisis    el volcan    el helicoptero    el jardin    importante    el toro    beber    diferente    la pelicula    el limon
azul    la vaca    el jamon    la razon    el año    la bamba    la silla    la tesis    facil    el futbol

**9 Números. Escucha y escribe los números en letras.**

PISTA 5

| 0 _____ | 4 _____ | 8 _____ | 12 _____ |
|---|---|---|---|
| 1 _____ | 5 _____ | 9 _____ | 13 _____ |
| 2 _____ | 6 _____ | 10 _____ | 14 _____ |
| 3 _____ | 7 _____ | 11 _____ | 15 _____ |

**10 Observa las matrículas de los coches. Lee las letras y los números uno por uno.**

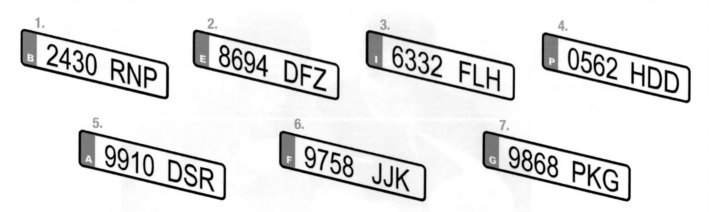

1. B 2430 RNP
2. E 8694 DFZ
3. I 6332 FLH
4. P 0562 HDD
5. A 9910 DSR
6. F 9758 JJK
7. G 9868 PKG

## ¿Qué es?

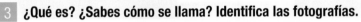

**1** ¿Qué es? ¿A qué se dedica? Escucha y completa las frases.

PISTA **6**

1. Susana es _____
2. Miguel es _____
3. Jorge es _____
4. Gracia es _____
5. Guillermo es _____
6. Isabel es _____

7. Elena es _____
8. Rafael es _____
9. Soledad es _____
10. Antonio es _____
11. Charo es _____
12. Juan es _____

**2** Y tú, ¿qué eres? ¿A qué te dedicas?

**3** ¿Qué es? ¿Sabes cómo se llama? Identifica las fotografías.

3. _____

4. _____

2. _____

1. _____

8. _____

7. _____

6. _____

10. _____

12. _____

5. _____

9. _____

11. _____

# SENTEMOS BASES

## a1 El mundo de las empresas

**1** ¿Conoces estas empresas? ¿De qué nacionalidad son? Deletrea sus nombres.

1.
**NOKIA**

2.

JAGUAR

3.
*Firestone*

4.
*Chupa Chups*

5.
**IKEA**®

6.
**swatch**➕

7.
**LEGO**®

8.
★ **Heineken**®

9. LOUIS VUITTON

10. **Miele**

11.

**PEMEX**
*REFINACION*

12.

**PANZANI**

13.

**BOMBARDIER**

14.

**YAMAHA**

**2** ¿Qué producen estas empresas? Relaciona los productos con las empresas del ejercicio anterior.

| | | | | |
|---|---|---|---|---|
| ☐ juguetes | ☐ coches | ☐ petróleo | ☐ muebles | ☐ equipajes |
| ☐ cerveza | ☐ pastas | ☐ aviones | ☐ neumáticos | ☐ relojes |
| ☐ móviles | ☐ motos | ☐ electrodomésticos | ☐ caramelos | |

**3** **Empresas españolas. Escucha y relaciona los logotipos con el sector de actividad de las empresas.**

PISTA 7

1.
ZARA

2.
*Telefónica*

3.
IBERIA **IB**

4.
**REPSOL**

5.

6.
**Dragados**

7.
**BBVA**

8.
El Corte Inglés

9.
**Sol Meliá**

| Sectores de actividad |
| --- |
| ☐ Construcción |
| ☐ Turismo |
| ☐ Petróleo |
| ☐ Bebidas |
| ☐ Banca |
| ☐ Telecomunicaciones |
| ☐ Textil |
| ☐ Distribución |
| ☐ Transporte aéreo |

# b Presentaciones

**1** **Tengo cita con… Leamos los siguientes diálogos.**

**En la recepción:**

Sr. Sánchez: ¡Hola! ¡Buenos días!
Recepcionista: ¡Buenos días!
Sr. Sánchez: Tengo cita con el señor García.
Recepcionista: ¿De parte de quién?
Sr. Sánchez: Me llamo Rafael Sánchez. Soy el nuevo director de la fábrica de Tarragona.
Recepcionista: Sí, señor. Un momento, por favor...

**Con el señor García:**

Sr. García: ¡Buenos días!
Sr. Sánchez: ¡Buenos días!, señor García. Soy Rafael Sánchez.
Sr. García: Encantado de conocerle.
Sr. Sánchez: Mucho gusto.

**Al final del encuentro:**

Sr. Sánchez: Muchas gracias por su acogida, Sr. García. Espero su visita en Tarragona. ¡Adiós!
Sr. García: Muchas gracias. ¡Adiós! ¡Hasta luego!

**2** **Practicamos. Completa los diálogos.**

Sr. Torres: ¡_____ tardes!, Sr. Costa. ¿Cómo _____ usted?

Sr. Costa: _____ ¿y _____?

Sr. Torres: Bien. Le _____ a Inés Laguna, la nueva directora de Artespaña.

Sr. Costa: _____ de conocerla.

Inés Laguna: Mucho _____, Sr. Costa.

| | |
|---|---|
| Teresa: | ¡_____, Joaquín! ¿Qué _____? |
| Joaquín: | Bien, ¿_____? |
| Teresa: | _____ . Mira, esta _____ Marcia, una nueva compañera. |
| Joaquín: | ¡_____, Marcia! Yo _____ Joaquín, un amigo de Teresa. |
| Marcia: | ¡_____, Joaquín! |

## IDIOMA FORMAL

– ¡Buenos días!, señor López; ¿Cómo está usted?
– Muy bien, ¿y usted?

– Sr. López, le presento a la señora Prieto.
– Encantado/a. Mucho gusto.

→ Uso de **usted** (**Vd.**) y **ustedes** (**Vds.**) y de las fórmulas **señor** (**Sr.**) y señora (**Sra.**).

## IDIOMA INFORMAL

– ¡Hola, Elena! ¿Qué tal?/¿Cómo estás?
– Muy bien, ¿y tú?
– Bien / regular / mal.

– ¿Cómo te llamas?
– Soy Julia, este es Luis/esta es Ana.

→ Uso de **tú** y del nombre de la persona

**3** **¿De parte de quién? Escucha y completa el cuadro con la nacionalidad y el cargo de cada persona.**

PISTA **8**

☐ canadiense       ☐ director/a de ventas

☐ argentino/a      ☐ ingeniero/a industrial

☐ británico/a      ☐ ayudante de dirección

☐ italiano/a       ☐ jefe de publicidad

☐ alemán/ana       ☐ contable

☐ japonés/esa      ☐ vendedor/a

1- Hans Brandt     2- Ana Conde     3- Yukie Sato

4- Diana Clark     5- Paola Rossi   6- John Smith

---

**4** **Más números. Observa y completa.**

| | | |
|---|---|---|
| 16 dieciséis | 25 _____ | 34 _____ |
| 17 diecisiete | 26 _____ | 35 _____ |
| 18 _____ | 27 _____ | 36 _____ |
| 19 _____ | 28 _____ | 37 _____ |
| 20 veinte | 29 _____ | 38 _____ |
| 21 veintiuno | 30 treinta | 39 _____ |
| 22 veintidós | 31 treinta y uno | 40 cuarenta |
| 23 _____ | 32 _____ | |
| 24 _____ | 33 _____ | |

**5** Jugamos al bingo. La clase se divide en dos grupos que escogen la carta A o B. Un estudiante sortea los números uno por uno (1 a 40) y los lee en voz alta. El grupo con la primera carta completa gana. ¡Suerte!

A

| B | I | N | G | O |
|---|---|---|---|---|
| 3 | | 32 | 27 | 15 |
| 25 | 16 | 8 | | 37 |
| 11 | 38 | | 7 | 26 |
| | 4 | 21 | 10 | 1 |
| 34 | 20 | 14 | 39 | |

B

| B | I | N | G | O |
|---|---|---|---|---|
| | 18 | 30 | 22 | 5 |
| 17 | | 2 | 19 | 31 |
| 36 | 6 | 23 | | 29 |
| 9 | 35 | 12 | 33 | |
| 28 | 24 | | 40 | 13 |

**6** Mucho gusto. Escucha las presentaciones y rellena las fichas.

PISTA 9

**1**
¿Cómo se llama? _____ .
¿De qué nacionalidad es? _____ .
¿Cuántos años tiene? _____ .
¿Dónde vive? _____ .
¿Qué es? _____ .

**2**
¿Cómo se llama? _____ .
¿De qué nacionalidad es? _____ .
¿Cuántos años tiene? _____ .
¿Dónde vive? _____ .
¿Qué es? _____ .

**3**
¿Cómo se llama? _____ .
¿De qué nacionalidad es? _____ .
¿Cuántos años tiene? _____ .
¿Dónde vive? _____ .
¿Qué es? _____ .

**4**
¿Cómo se llama? _____ .
¿De qué nacionalidad es? _____ .
¿Cuántos años tiene? _____ .
¿Dónde vive? _____ .
¿Qué es? _____ .

**7** La tarjeta de visita. Escoge una de las tarjetas y preséntala a la clase.

Míriam Silva Mera
Abogada

Paseo de la Alameda, 24
50008 Zaragoza
Tel.: 97 659 91 92
e-mail: misilva@terra.es

Luisa Mejía Morelos
Profesora

ITHAM
Río Hondo Nº 1 – Tizapán San Ángel
01000 México D.F.
Tel. 5628-4000 Ext. 3415
e-mail: lmejia@itham.mx

Francisco Cárdenas
Jefe de personal

REAL

C/ Mateos Gago, 31
41004 SEVILLA
Tel.: 95 422 28 50
fcardenas@real.es

José Luis Rico Arenas
Ingeniero industrial

HUNDRESA

Plaza de España, 10
28014 MADRID
Tel.: 91 521 28 57
jlrico@hundresa.es

**8** Ahora, prepara tu propia tarjeta de visita.

Nombre _____
Profesión o cargo _____

Dirección _____
_____

Teléfono _____
E-mail _____

# ANALICEMOS Y PRACTIQUEMOS

## **a** Hoy en dí@

**1** **Leamos este diálogo.**

| | |
|---|---|
| Ignacio: | Mañana trabajo. |
| Julián: | ¡Enhorabuena! |
| Ignacio: | Sí, estoy muy contento. Tantos años de estudio y ahora, por fin, a trabajar. |
| Julián: | ¡Qué ilusión! Pero no todo es fácil en el mundo laboral. |
| Ignacio: | Claro. |
| Julián: | Debes estar listo para vivir buenos y malos momentos. |
| Ignacio: | Sí. |
| Julián: | Ser auténtico, ser amable, ser honesto, ser eficiente, ser curioso y por supuesto ser puntual. ¿Cómo son tus horarios? |
| Ignacio: | Me levanto a las seis, a las siete cojo el metro y llego al despacho a las ocho. |
| Julián: | ¡Menudo programa! |
| Ignacio: | A veces dudo de mis capacidades. |
| Julián: | Por algo eres diplomado de la universidad, y por algo ahora formas parte de la plantilla de una empresa. |
| Ignacio: | Una empresa de renombre. |
| Julián: | ¿Cómo se llama? |
| Ignacio: | Rodríguez e hijos. |
| Julián: | ¿Rodríguez no es tu apellido? |
| Ignacio: | Sí, Rodríguez es mi apellido. |
| Julián: | ¿Es una coincidencia? |
| Ignacio: | No, la verdad es que no es una coincidencia. Esta empresa muy famosa es la empresa de mi padre. |
| Julián: | ¿De tu padre? |
| Ignacio: | Sí, ¿qué opinas? |
| Julián: | Nada. Pero considero difícil trabajar con el propio padre. Es una situación delicada. Bueno, depende de las personalidades del padre y del hijo. ¿Conoces bien a tu padre? |
| Ignacio: | Mi padre es un hombre bastante autoritario. |
| Julián: | ¿Os peleáis? |
| Ignacio: | Sí, a veces reñimos. Bueno, él siempre pretende tener razón: su idea es su idea. Es un poco testarudo. |
| Julián: | Entonces, para resumir: es autoritario, es testarudo, es dueño de la empresa, es tu futuro jefe y además es tu padre. |
| Ignacio: | Así es. |
| Julián: | Es terrible... Creo que es un error. |
| Ignacio: | ¿Por qué? |
| Julián: | Pues por todo eso, es muy difícil trabajar con personas así, sobre todo cuando son de tu familia. ¿Por qué no buscas otro empleo? |
| Ignacio: | ¿Otro empleo? Es muy complicado encontrar trabajo hoy en día. |
| Julián: | Es verdad, pero es preferible. |
| Ignacio: | Mi intención es trabajar en la empresa familiar. Creo que es mi futuro. |
| Julián: | Muy bien. Si es tu voluntad, te deseo mucha suerte y mucho valor. |

**2** ¿*El* o *la*? Emplea *el* o *la* delante de las siguientes palabras. Luego, rellena el cuadro.

1. _____ universidad
2. _____ plantilla
3. _____ apellido
4. _____ padre
5. _____ capacidad
6. _____ día
7. _____ intención
8. _____ renombre
9. _____ valor
10. _____ familia

11. _____ jefe
12. _____ voluntad
13. _____ empleo
14. _____ coincidencia
15. _____ mundo
16. _____ ilusión
17. _____ verdad
18. _____ horario
19. _____ razón
20. _____ programa

21. _____ persona
22. _____ año
23. _____ situación
24. _____ personalidad
25. _____ hombre
26. _____ error
27. _____ suerte
28. _____ estudio
29. _____ hijo
30. _____ empresa

En general, ¿cómo son las palabras que terminan en…?

| | masculinas | femeninas |
|---|---|---|
| -o | ☐ | ☐ |
| -a | ☐ | ☐ |
| -e | ☐ | ☐ |
| -ción, -sión, -zón | ☐ | ☐ |
| -dad, -tad | ☐ | ☐ |
| -or | ☐ | ☐ |

**3** Oralmente, pon en plural las palabras del ejercicio anterior.

**4** ¿Quién es? ¿Qué es? Para descubrir su nombre y su profesión, completa el crucigrama conjugando los verbos en las personas indicadas del presente de indicativo.

1. formar (ellos)
2. desear (yo)
3. resumir (vosotros)
4. coger (ellas)

5. trabajar (tú)
6. pretender (vosotras)
7. dudar (ustedes)
8. tener (yo)

9. llegar (usted)
10. ser (tú)
11. deber (él)
12. creer (ustedes)

13. tener (nosotros)
14. considerar (él)
15. estar (yo)
16. ser (nosotras)

17. vivir (vosotros)
18. buscar (ella)
19. estar (tú)
20. opinar (nosotros)

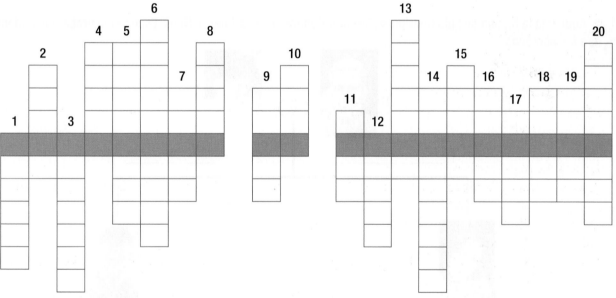

**5** ¿Qué hora es?

**6** Lee y completa el siguiente texto con *un, una, el, la, al* o *del*.

**Primeras horas de una jornada laboral**

Alberto Martínez es director de márketing de [1] _____ empresa joven e innovadora que trabaja mucho con Asia. Nos explica cómo pasan las primeras horas de [2] _____ mañana.

**6:00**. Sin necesitar [3] _____ despertador, salto de [4] _____ cama. Minutos después miro [5] _____ correo electrónico. Es [6] _____ buena hora para trabajar con Asia. Respondo a [7] _____ petición de información, o a [8] _____ colaborador. Llamo por teléfono a [9] _____ cliente.

**7:30**. Toda [10] _____ familia se levanta. Preparo con mi mujer [11] _____ desayuno para nuestros hijos, Carlos y Alejandro, y desayunamos juntos. Hablamos [12] _____ programa [13] _____ día: estudios y actividades extraescolares. Por ejemplo, hoy Carlos tiene [14] _____ partido de fútbol con su equipo y Alejandro va a [15] _____ piscina con su clase. El desayuno es [16] _____ momento agradable.

**8:15**. Salimos de casa. Llevo a mis hijos [17] _____ colegio y voy a [18] _____ oficina.

Adaptado de *Emprendedores*

# b La familia

**1** Aquí está la familia de Luis Rodríguez, Director General de Rodríguez e Hijos. Escucha la grabación e identifica a las personas.

PISTA **10**

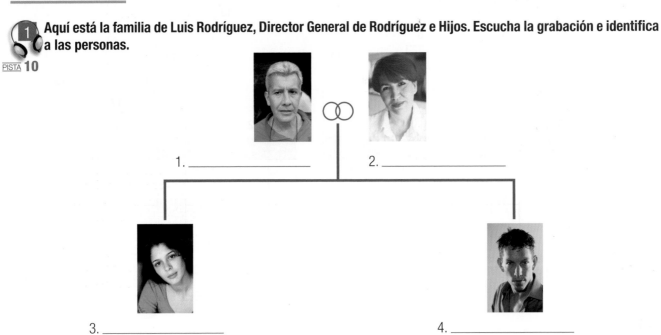

1. _____   2. _____

3. _____   4. _____

**2** Completa las frases.

1. Pilar es _____ de Luis y _____ de Ignacio y Marta.
2. Ignacio es _____ de Marta y _____ de Pilar y Luis.
3. Marta es _____ de Pilar y Luis y _____ de Ignacio.
4. Luis es _____ de Pilar y _____ de Ignacio y Marta.
5. Pilar y Luis son _____ de Ignacio y Marta.
6. Ignacio y Marta son _____ de Luis y Pilar.

## 3 Lee y completa el texto con adjetivos posesivos.

**La familia de Ignacio**

Me llamo Ignacio, [1] _____ apellidos son Rodríguez, el apellido de [2] _____ padre, y Segura, el de [3] _____ madre. Tengo 23 años y voy a trabajar en la empresa de [4] _____ padre. ¿Cómo es? [5] _____ personalidad es muy fuerte porque en [6] _____ actividades tiene muchas responsabilidades. [7] _____ madre trabaja para él y [8] _____ hermana también. En realidad, toda [9] _____ familia trabaja en la empresa familiar. [10] _____ tía, la hermana de [11] _____ padre, es la directora de márketing, y [12] _____ tío Pedro, [13] _____ marido, es [14] _____ asistente. Ella es bastante autoritaria, como [15] _____ padre.

Somos una familia muy unida. Vivimos en la misma ciudad y en el mismo barrio. [16] _____ casas están cerca. [17] _____ coches son de la misma marca. [18] _____ vidas son muy similares y [19] _____ futuro está en la empresa de papá. ¿Y tú? ¿Vas a trabajar con [20] _____ padre?

## 4 ¿Cómo es tu propia familia? Explícalo.

## 5 ¿Casado o soltero? Escucha y señala si es verdadero o falso.

PISTA 11

|  | V | F |
|---|---|---|
| 1. Carmen es española. | ☐ | ☐ |
| 2. El marido de Carmen se llama Roberto. | ☐ | ☐ |
| 3. Carmen vive en Santander. | ☐ | ☐ |
| 4. Roberto y Carmen tienen una hija. | ☐ | ☐ |
| 5. Juana es la hermana de Carmen. | ☐ | ☐ |
| 6. Carmen trabaja en una fábrica de automóviles. | ☐ | ☐ |
| 7. Roberto es ingeniero. | ☐ | ☐ |
| 8. Carmen también tiene un hermano. | ☐ | ☐ |
| 9. La hermana de Carmen trabaja en una multinacional. | ☐ | ☐ |
| 10. Gloria no está casada. | ☐ | ☐ |

**ESTADO CIVIL**

soltero/a
casado/a
separado/a
divorciado/a
viudo/a

## 6 Lee estas opiniones sobre el trabajo.

La vida y el trabajo, es igual. En mi vida privada soy alegre, soy curioso, soy organizado. En mi trabajo también son importantes estas cualidades.
*Jacinto*

Mi despacho es como mi casa. Tengo una foto de mi madre sobre mi mesa, otra de mi mujer y otra de mis hijos.
*Jorge*

Yo no confundo mi trabajo con mi vida privada. Mis compañeros de oficina son muy simpáticos, pero no son mis amigos.
*Almudena*

Soy una persona apegada al trabajo y a la familia. Son lo más importante en mi vida.
*Clara*

## 7 ¿Y tú? Responde con sí o no.

|  | Sí | No |
|---|---|---|
| Mi oficina es mi casa. | ☐ | ☐ |
| Soy amigo de mis compañeros. | ☐ | ☐ |
| Decoro mi despacho para sentirme bien. | ☐ | ☐ |
| Tengo fotos de mi familia en mi mesa de trabajo. | ☐ | ☐ |
| Soy la misma persona en la vida laboral y privada. | ☐ | ☐ |

# CREEMOS Y NEGOCIEMOS

## Para buscar en Internet

**1** **Toma nota de los buscadores google en los países de habla española.**

**2** **Mira estas cinco banderas y las observaciones. Relaciona las banderas con su dirección en Google.**

 1.     2.     3.     4.     5.

1. Es un país europeo de habla española.
2. Es un país del Caribe.
3. Su bandera tiene los mismos colores que dos países andinos vecinos.

4. Se trata de un país norteamericano.
5. Es un país centroamericano. Su bandera tiene los mismos colores que otros dos países centroamericanos.

Argentina
www.google.com.ar

a
Cuba
www.google.com.cu

b
España
www.google.es

Nicaragua
www.google.com.ni

Puerto Rico
www.google.com.pr

Bolivia
www.google.bo

Chile
www.google.cl

Guatemala
www.google.com.gt

Panamá
www.google.com.pa

Rep. Dominicana
www.google.com.do

Colombia
www.google.com.co

c
Ecuador
www.google.com.ec

Honduras
www.google.hn

Paraguay
www.google.com.py

Uruguay
www.google.com.uy

Costa Rica
www.google.co.cr

d
El Salvador
www.google.com.sv

e
México
www.google.com.mx

Perú
www.google.com.pe

Venezuela
www.google.co.ve

# b Internet. Página de acogida del sitio de Sol Meliá

**1** Mira los títulos del sumario. Relaciona los títulos con los contenidos.

| Títulos |
| --- |
| 1. Home. |
| 2. Búsqueda y reservas. |
| 3. Ofertas especiales. |
| 4. Eventos y reuniones. |
| 5. Tarjeta más. |

| Contenido |
| --- |
| a. En esa página Sol Meliá nos comunica sus promociones. |
| b. Para los clientes habituales de Sol Meliá. |
| c. Se dirige a las empresas. |
| d. Nos envía a la página de inicio. |
| e. Para reservar un hotel en una fecha precisa. |

**2** Lee el texto de la página y señala si es verdadero o falso.

|  | V | F |
| --- | --- | --- |
| 1. Es una empresa de turismo. | ☐ | ☐ |
| 2. No es líder en España. | ☐ | ☐ |
| 3. Está presente en muchos países. | ☐ | ☐ |
| 4. Tiene más de 350 hoteles. | ☐ | ☐ |
| 5. Sol Hoteles y Paradisus Resorts no pertenecen al grupo. | ☐ | ☐ |

**3** Ahora, individualmente o en grupo y con la ayuda de este o de otros ejemplos, elaborad la página de acogida del sitio web de una empresa de vuestra elección.

# CADA DÍ@ MÁS

**1** Observa las definiciones del cuadro y contesta al cuestionario.

| | |
|---|---|
| **Norteamérica Sudamérica o Suramérica** | Términos que se refieren a los dos continentes de América: el continente del norte y el continente del sur. |
| **Centroamérica** | Se refiere a la parte central de América. |
| **Latinoamérica** | Se refiere a todos los países situados al sur de los Estados Unidos. |
| **Hispanoamérica** | Se refiere a los países de habla hispana en América. |
| **Iberoamérica** | Se refiere a los países de América donde se habla español y portugués. |

1. ¿En qué país norteamericano
la lengua oficial es el español?
☐ Canadá  ☐ México
☐ Estados Unidos

2. ¿Cúal de estos países
es una isla?
☐ Cuba  ☐ Costa Rica
☐ El Salvador

3. ¿Qué país americano está incluido
en el término Iberoamérica?
☐ Canadá  ☐ Estados Unidos  ☐ Brasil

4. ¿Qué país iberoamericano pertenece al Mercosur?
☐ Colombia  ☐ Ecuador  ☐ Uruguay

5. ¿Qué país hispanoamericano forma parte del Tratado
de Libre Comercio?
☐ México  ☐ Panamá  ☐ Chile

6. ¿Qué país hispanoamericano tiene el inglés como lengua oficial?
☐ Cuba  ☐ Puerto Rico  ☐ República Dominicana

7. ¿Qué país suramericano es un importante productor de petróleo?
☐ Paraguay  ☐ Bolivia  ☐ Venezuela

8. ¿Qué país hispanoamericano tiene más población?
☐ Argentina  ☐ Perú  ☐ México

**2** Pon el nombre de los países hispanohablantes en el mapa.

**3** **¿Qué sabes de Hispanoamérica? Rellena este crucigrama con la ayuda del mapa.**

**HORIZONTALES:**

1. Ciudad muy famosa del Perú precolombino.
2. Imperio precolombino situado alrededor de la capital Tenochtitlán, actualmente México D.F. / País situado en la parte más estrecha del istmo de América Central.
3. Imperio precolombino situado en los territorios actuales del sur de Colombia, Ecuador, Perú, una parte de Bolivia, Argentina y Chile.
4. País de América del Sur que no tiene salida al mar.
5. País sudamericano productor de petróleo.
6. Sinónimo de indígenas de América.
7. Célebre navegante a quien se debe el descubrimiento de América.

**VERTICALES:**

8. Río más largo de América del Sur.
9. Cordillera de América del Sur.
10. Civilización precolombina establecida en Centroamérica. / País hispano en América del Norte.
11. Isla situada al sur de la península de Florida. / Metal precioso de color amarillo brillante.
12. Continente descubierto por Cristóbal Colón.

# EL RINCÓN GRAMATICAL

## EL ARTÍCULO

### El artículo definido

| el | la | - *el* mundo | - *la* empresa |
|---|---|---|---|
| los | las | - *los* mundos | - *las* empresas |

### Contracción

| a + el = al | *llegar al despacho* |
|---|---|
| de + el = del | *las personalidades del padre y del hijo* |

### El artículo indefinido

| un | una | - *un* error | - *una* coincidencia |
|---|---|---|---|
| unos | unas | - *unos* errores | - *unas* coincidencias |

**Observación**: En general, cuando es complemento o atributo, se omite el artículo indefinido plural:

- Tengo **una** buena idea.
- Tengo buenas ideas.
- Es **un** directivo español.
- Son directivos españoles.

## EL PLURAL

| Singular terminado en | | Plural terminado en | |
|---|---|---|---|
| vocal | emple**o** <br> amabl**e** | vocal + -s | empleo**s** <br> amable**s** |
| consonante | capacida**d** <br> puntua**l** | consonante + -es | capacidad**es** <br> puntual**es** |
| -z | feli**z** | -ces | feli**ces** |
| **Excepciones** | | **Excepciones** | |
| -í | marroqu**í** | + -es / +-s | marroquí**es** / marroquí**s** |
| -s | crisi**s** | invariable | crisi**s** |

## EL GÉNERO

| | | Terminación masculino | | Terminación femenino | |
|---|---|---|---|---|---|
| **Adjetivos** | -o | nuev**o** | -a | nuev**a** |
| | -e | grand**e** | invariable | grand**e** |
| | -a | políglot**a** | invariable | políglot**a** |
| | -i | curs**i** | invariable | curs**i** |
| | consonante | corté**s** / feli**z** | invariable | corté**s** / feli**z** |
| | -or | trabajad**or** | -ora | trabajad**ora** |
| **Nacionalidades / Gentilicios** | -o | italian**o** | -a | italian**a** |
| | -e | canadiens**e** | invariable | canadiens**e** |
| | -a | belg**a** | invariable | belg**a** |
| | -i | marroqu**í** | invariable | marroqu**í** |
| | consonante | españo**l** <br> catalá**n** | -a | español**a** <br> catalan**a** |
| **Profesiones / Funciones** | -o | abogad**o** | -a | abogad**a** |
| | -e | president**e** | -e / -a | president**a** |
| | | ayudant**e** | | ayudant**e** |
| | -ista | period**ista** | invariable | period**ista** |
| | consonante | vended**or** / jue**z** | -a | vended**ora** / jue**za** |

## PRESENTE DE INDICATIVO: VERBOS REGULARES

| Pronombres sujeto | hablar | comer | vivir |
|---|---|---|---|
| yo | hablo | como | vivo |
| tú | hablas | comes | vives |
| él / ella / usted | habla | come | vive |
| nosotros/as | hablamos | comemos | vivimos |
| vosotros/as | habláis | coméis | vivís |
| ellos / ellas / ustedes | hablan | comen | viven |

**Observación**: En Hispanoamérica, el plural de **tú** es **ustedes**:

(tú) hablas español • (vosotros) **habláis** español (España)

• (ustedes) **hablan** español (Hispanoamérica)

## VERBOS IRREGULARES

| ser | estar | tener | ir |
|---|---|---|---|
| soy | estoy | tengo | voy |
| eres | estás | tienes | vas |
| es | está | tiene | va |
| somos | estamos | tenemos | vamos |
| sois | estáis | tenéis | vais |
| son | están | tienen | van |

Me llamo
Marta y este es
mi número de
teléfono:
566 545 789

## VERBOS REFLEXIVOS

**llamarse**

**me** llamo

**te** llamas

**se** llama

**nos** llamamos

**os** llamáis

**se** llaman

## ADJETIVOS POSESIVOS

Observa estas frases del diálogo:

• ¿Rodríguez no es **tu** apellido?

• Sí, Rodríguez es **mi** apellido.

• **Su** idea es su idea.

| Singular | | Plural | |
|---|---|---|---|
| Masculino | Femenino | Masculino | Femenino |
| mi | mi | mis | mis |
| tu | tu | tus | tus |
| su | su | sus | sus |
| nuestro | nuestra | nuestros | nuestras |
| vuestro | vuestra | vuestros | vuestras |
| su | su | sus | sus |

## ¡CUIDADO!

Observa estas frases del diálogo:

- ¿Cómo se llama?      - ¿Rodríguez no es tu apellido?
- Sí, ¿qué opinas?    - ¡Enhorabuena!
- ¡Qué ilusión!       - ¡Menudo programa!

Se coloca un signo de **interrogación** (¿) o de **exclamación** (¡) para abrir la frase interrogativa o exclamativa.

- ¿Cómo se llama la empresa? Rodríguez **e hi**jos.
- Hablo español **e i**nglés.

Delante de **i-** / **hi-** usamos **e** en lugar de **y**.

- ¿Conoces bien **a** tu padre?

La preposición **a** acompaña al complemento directo de personas.

# 2

# En la oficina

# SENTEMOS BASES

## a1 La ubicación

**1** ¿Dónde está la oficina? Lee el diálogo y señala en el plano el itinerario aconsejado.

http://www.softdoc.es/madrid_guide/maps/e9h12.html

**YO**
**aquí**
Mi hotel está **aquí**.

**ahí**
**Ahí** está el kilómetro cero.

**allí**
Tu oficina está **allí**.

–Jorge, ¿sabes dónde está mi oficina?
–No, pero creo que no está **lejos del** hotel.
–Tú hotel está en la calle del Carmen, ¿verdad?
–No exactamente, pero está muy **cerca. Aquí** estoy en la calle Galdo.
–Bueno. Yo estoy en la calle de Toledo, **al lado de** la Plaza Mayor.

–¿Qué itinerario me aconsejas?
–Mira, este es el más corto: vas por la calle Preciados hasta la Puerta del Sol. ¿Conoces la Puerta del Sol?
–Sí. **Ahí** está el kilómetro cero, ¿no?
–Sí, efectivamente. Pues cuando llegas a la Puerta del Sol, **enfrente del** kilómetro cero, coges la segunda calle **a la derecha**, la calle Mayor. En la calle Mayor, coges la

tercera calle **a la izquierda**, la calle Felipe III que va a la Plaza Mayor. Cruzas la plaza en diagonal y **enfrente** está la calle de Toledo. Mi oficina está en el número 7, **junto a** un restaurante. Te espero a las once. ¿Te parece bien?

–Sí, muy bien. A las once estoy **allí**.
–Vale. ¡Hasta luego!
–¡Hasta luego!

**2** Vives en la calle San Martín y trabajas en la calle de Atocha, número 36, cerca de la Plaza Santa Cruz. Con la ayuda del plano, indica un itinerario para ir de tu casa a la oficina.

## b En la oficina

**1** El plano de la oficina. Observa la distribución de los despachos y de las salas.

### VOCABULARIO

| | |
|---|---|
| la recepción | la cafetería |
| la mesa | la sala de reuniones |
| el pasillo | el despacho del director general |
| el ascensor | el despacho de la ayudante de dirección |
| la silla | el distribuidor de bebidas |
| el sillón | el despacho del director de márketing |
| las escaleras | el despacho del director financiero |
| el sofá | el despacho del director comercial |
| los lavabos | el despacho de las secretarias |
| la fotocopiadora | |

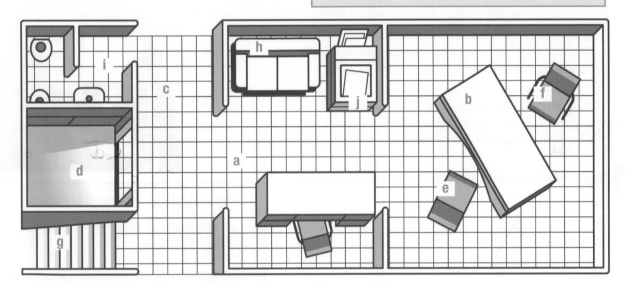

**2** ¿Qué es? Escribe la letra correspondiente.

1. la mesa _____        2. el ascensor _____        3. los lavabos _____

4. el pasillo _____     5. las escaleras _____       6. la recepción _____

7. el sillón _____      8. la silla _____

9. el sofá _____        10. la fotocopiadora _____

**Hay un libro** sobre la mesa.
o **El libro está** sobre la mesa.

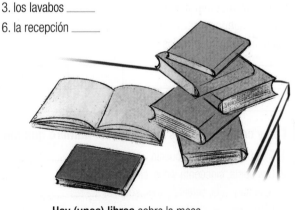

**Hay (unos) libros** sobre la mesa.
o **Los libros están** sobre la mesa.

**3** La oficina de David. Escucha y completa el siguiente diálogo.

PISTA **12**

–Estamos en la recepción. **[1]** _____ trabaja Isabel. Si tomas el pasillo, **[2]** _____ están los ascensores y **[3]** _____ los ascensores, hay una sala de reuniones.

–¿Y dónde está el despacho del director?

–Está **[4]** _____ la sala de reuniones. **[5]** _____ su despacho está el despacho de su ayudante, Clara.

–¿Y tu despacho?

–Mi despacho está **[6]** _____, en el centro del pasillo. **[7]** _____ mi despacho hay una fotocopiadora.

–Bueno. Y **[8]** _____, **[9]** _____ pasillo, ¿qué hay?

–**[10]** _____ están la cafetería y los lavabos.

**4** Los compañeros de trabajo. Lee y completa con *este, esta, estos* o *estas*.

Mira, **[1]** _____ son mis compañeros de trabajo. **[2]** _____ es Joaquín, nuestro director.
-¿Cuál?
-El que tiene las dos manos sobre la mesa; y **[3]** _____ es Pedro, el responsable comercial.
-¿Quiénes son **[4]** _____ señoras?
-**[5]** _____ es Nuria, la directora financiera, y **[6]** _____ es Beatriz, su ayudante.
-¿Y **[7]** _____?
-Pues **[8]** _____ soy yo, ¿no me reconoces?
-Claro que sí, estás muy elegante, como siempre.

**5** Más números. Escucha y escribe los números en letras.

PISTA **13**

| 50 | _____ | 100 | _____ |
| 51 | _____ | 101 | _____ |
| 60 | _____ | 102 | _____ |
| 70 | _____ | 111 | _____ |
| 80 | _____ | 150 | _____ |
| 90 | _____ | 191 | _____ |

## LOS NÚMEROS: PARTICULARIDADES

Se usa **cien** delante de un nombre:
100 €= **cien** euros

Se usa **ciento** delante de las unidades y las decenas:
103 = **ciento** tres
120 = **ciento** veinte

Se coloca siempre **y** entre las decenas y las unidades:
28 = veint**i**ocho
55 = cincuenta **y** cinco

**uno** pierde la **o** delante de un nombre masculino:
veint**i**ún euros
cuarenta y **un** años
≠ sesenta y **una** empresas

**6** Separa y escribe los siguientes números.

veinticuatroochentayseiscuarentasesentaydostreintayunocin-
cuentayochonoventaysieteochentaynuevesetentaycincotrece-
veintinuevecincuentaydos

| | | | | |
|---|---|---|---|---|
| | | | | |
| | | | | |

**7** Lee y completa estas series con el número que falta.

1. Treinta, cuarenta, cincuenta, sesenta, _____, ochenta, noventa.

2. Cincuenta, cincuenta y dos, cincuenta y cuatro, _____, cincuenta y ocho.

3. Setenta y seis, setenta y tres, setenta, _____, sesenta y cuatro, sesenta y uno.

4. Ciento quince, ciento veinte, _____, ciento treinta, ciento treinta y cinco.

5. Noventa y cinco, noventa y tres, _____, ochenta y nueve, ochenta y siete.

## 8 Escribe estos números.

a. 31 _____ empleados.

b. 41 _____ mesas.

c. 171 _____ sillas.

d. 81 _____ sillones.

e. 121 _____ ordenadores.

f. 41 _____ fotocopiadoras.

## Las 24 horas del día

### 1 1. Leamos el siguiente texto.

Todas mis mañanas son iguales, pero esta mañana el despertador no **ha sonado** a las 7:00 como de costumbre. **Me he levantado** a las 8:00, ¡con una hora de retraso! **He salido** de casa sin desayunar y con el tráfico que hay a esta hora sólo **he llegado** a la oficina a las 10:00. A las 11:00 **he asistido** a la reunión con los proveedores que **han venido** de Almería y **hemos hablado** de los problemas que **hemos tenido** con los camioneros.

La reunión **ha durado** hasta las 14:00 y al final **hemos ido** a comer juntos. Por la tarde, **he trabajado** en mi despacho y a las 17:30 **he recibido** a un nuevo cliente. A las 19:00 **he regresado** a casa. ¡El día **ha pasado** rápido!

| | Pronombre sujeto | | Infinitivo del verbo |
|---|---|---|---|
| [1] | *él* | ha sonado | *sonar* |
| [2] | _____ | me he levantado | _____ |
| [3] | _____ | he salido | _____ |
| [4] | _____ | he llegado | _____ |
| [5] | _____ | he asistido | _____ |
| [6] | _____ | han venido | _____ |
| [7] | _____ | hemos hablado | _____ |
| [8] | _____ | hemos tenido | _____ |
| [9] | _____ | ha durado | _____ |
| [10] | _____ | hemos ido | _____ |
| [11] | _____ | he trabajado | _____ |
| [12] | _____ | he recibido | _____ |
| [13] | _____ | he regresado | _____ |
| [14] | _____ | ha pasado | _____ |

### 2 Completa indicando el pronombre personal sujeto y el infinitivo de cada verbo.

### 3 ¿Y tú? Utilizando estos verbos, explica cómo has pasado la mañana o la tarde.

### 4 Gustos y preferencias. Identifica la actividad y di si a ti te gusta *mucho*, *bastante*, *poco* o *no* te gusta *nada*.

**VERBO GUSTAR**

– ¿**Te gusta** el fútbol?

– Sí, **me gusta**.

– No, no **me gusta**.

– ¿**Te gustan** los viajes?

– Sí, **me gustan** mucho.

– No, no **me gustan** nada.

**1.**

**2.**

**3.**

**4.**

**5.**

**6.**

**7.**

Alberto y Ana pasean por el parque.

Alfredo lee el periódico.

Teresa y Juan miran la televisión.

Juan toma un avión.

Rosa escribe una carta.

Victoria llama por teléfono.

Juan Carlos visita un museo.

# ANALICEMOS Y PRACTIQUEMOS

## ⊟ Hoy en dí@

**1** **Leamos este diálogo.**

José:  Hola, ¡encantado! Soy José, tu nuevo compañero, y estoy en el despacho de al lado.

Carolina: ¿En el despacho de Pedro?

José:  Sí, de Pedro Gonzaga. Él ha cambiado de departamento, ahora está en el departamento financiero, en el cuarto piso.

Carolina: Se ha ido esta semana, me ha dado un poco de pena porque siempre hemos trabajado juntos. Además, hemos practicado Aikido en el mismo club.

José:  ¡Qué bien!

Carolina: Y ahora hacemos senderismo una vez al mes.

José:  ¿En un club?

Carolina: No, en la sierra.

José:  ¿Sois novios?

Carolina: No, claro que no. Él se ha casado hace un año.

José:  Perdona, es que, como hacéis muchas cosas juntos, he pensado...

Carolina: Somos hermanos.

José:  Ah, vale.

Carolina: Y tú, ¿qué deporte practicas?

José:  He practicado mucho el deporte de la pereza, pero ahora me gusta bastante el tenis.

Carolina: A mí no, me gustan más el fútbol y el baloncesto.

José:  A mí también, me gustan mucho, pero en la tele. Esta noche hay un partido, el Real Madrid contra el Barça.

Carolina: Miro poco la tele y no me gustan ni el Barça, ni el Madrid.

José:  La verdad es que a mí tampoco. Tengo otras ocupaciones.

Carolina: ¿Cuáles?

José:  Bueno, por el momento intento ubicarme en la empresa. ¿Me ayudas?

Carolina: Claro.

José:  ¿Con quién compartes este despacho?

Carolina: Con Susana.

José:  Y ¿quién está en ese despacho?

Carolina: ¿Ahí, a la izquierda?

José:  Sí, en el despacho que tiene la puerta abierta.

Carolina: Ahí está Roberto Bolaño.

José:  ¡Roberto Bolaño!, ¿cómo el escritor chileno?

Carolina: Sí, es preferible tener el nombre de un escritor que de un político. Tú te llamas José, pero no José María Aznar.

José:  Bueno, no soy José María, pero me llamo Aznar de apellido.

Carolina: ¿De verdad?

José:  Verdad. ¿Continuamos con la visita del piso? Aquel despacho del fondo, allí, ¿de quién es?

Carolina: Allí está el ogro de la empresa, el señor Ramírez.

José:  El ogro de la empresa, ¿por qué?

Carolina: Porque es un cascarrabias. Nunca está de buen humor.

José:  ¿Y enfrente?

Carolina: Es el despacho de la señora de Ramírez.

José:  ¿Su esposa?

Carolina: No, ella está casada con otro Ramírez.

José:  Esta empresa es muy complicada. Una pregunta más, si no te molesta. El departamento de márketing, ¿dónde está? ¿Está en el piso de arriba o de abajo?

Carolina: El departamento de márketing está arriba, en el sexto piso.

| | |
|---|---|
| José: | ¿Y hay un restaurante? |
| Carolina: | Sí, está abajo, detrás del auditorio, en la planta baja. |
| José: | ¿Comemos juntos hoy? |
| Carolina: | Vale. ¿Cuándo? ¿A las dos? |
| José: | A las dos, vale |

**2** Busca en el texto los adverbios de sentido contrario.

1. al lado _____

2. abajo _____

3. mucho _____

4. nunca _____

5. también _____

**3** ¿Verdadero o falso?

| | V | F |
|---|---|---|
| 1. Carolina practica un deporte de combate. | ☑ | ☐ |
| 2. José es nuevo en la empresa. | ☑ | ☐ |
| 3. Pedro es el hermano de José. | ☐ | ☑ |
| 4. El senderismo se practica en una sala de deporte. | ☐ | ☑ |
| 5. Pedro y Carolina son hermanos. | ☑ | ☐ |
| 6. A José le gusta el fútbol. | ☐ | ☑ |
| 7. Carolina no mira mucho la tele. | ☑ | ☐ |
| 8. El despacho de Roberto Bolaño está lejos del de Carolina. | ☐ | ☑ |
| 9. El señor Ramírez es muy simpático. | ☐ | ☑ |
| 10. La esposa del señor Ramírez trabaja en el despacho de enfrente. | ☐ | ☑ |
| 11. El departamento de márketing está en la planta baja. | ☐ | ☑ |
| 12. Van a ir a comer juntos. | ☑ | ☐ |

**4** **Deportes. Escucha la grabación e identifica las definiciones con las imágenes.**

PISTA **14**

1. _____

2. _____

3. _____

4. _____

5. _____

6. _____

**5** **Y tú, ¿qué deporte practicas?**

# b Los mandos de la empresa

**1** Nombramientos. Leamos los siguientes artículos.

## 1

### Nuevo director general de Danone en Francia

**Jordi Constans** ha sido nombrado nuevo director general de Danone en Francia. Constans, barcelonés y licenciado en Ciencias Económicas por la Universidad de Barcelona, MBA por ESADE, ha sido director de finanzas de la compañía en España durante dos años y medio. Hace 14 años que trabaja en Danone, donde también ha asumido durante cuatro años el cargo de director de márketing.

## 2

### Nueva directora de márketing en Pikolín

**Ana López Guerra** es la nueva directora de márketing de Pikolín, empresa dedicada al sector del descanso.

López Guerra es licenciada en Ciencias Económicas y Empresariales por la Universidad de Zaragoza y tiene un MBA por ESADE y por la University of Southern California. También tiene una amplia experiencia en importantes compañías como, por ejemplo, Pepsico, Altadis y Adidas, donde ha ocupado el puesto de directora comercial.

Tomado de *Emprendedores*

## 3

### Cambios en la directiva de Alcatel España

**Alcatel España** ha nombrado a María José Moreno directora del departamento legal de la empresa y secretaria del Consejo de Administración. Licenciada en Derecho por la Universidad Complutense de Madrid y Máster en Derecho del Trabajo, esta joven madrileña ha desarrollado toda su carrera profesional en esta compañía como directora adjunta del departamento legal.

## 4

### Nuevo director de RR HH de SEAT

**La empresa de automóviles** SEAT ha designado a Ramón Paredes su nuevo director de Recursos Humanos. Paredes ha comenzado a trabajar como jefe de producción y ha desarrollado prácticamente toda su carrera profesional en la compañía. Extremeño de 47 años, es ingeniero industrial por la Universidad Politécnica de Madrid y MBA por IESE.

**2** Abreviaturas. Relaciona las dos columnas.

| | |
|---|---|
| IESE | Recursos Humanos |
| Ldo./a. | Escuela Superior de Administración de Empresas |
| ESADE | departamento |
| RR HH | licenciado/a |
| Dpto. | Instituto de Estudios Superiores de la Empresa |

**3** Busca en los nombramientos un sinónimo de:

1. ha nombrado      2. el puesto      3. ha asumido

4. se ha incorporado      5. la empresa

**4** Ahora, completa el siguiente cuadro.

| | | | | |
|---|---|---|---|---|
| Nombre Apellidos | | | | |
| Empresa | | | | |
| Formación | | | | |
| Origen | | | | |
| Antigüedad en la empresa | | | | |
| Cargos anteriores | | | | |
| Nuevo cargo | | | | |

**5** Las actividades. ¿A qué departamento de la empresa corresponden las siguientes actividades?

☐ la fabricación
☐ las exportaciones
☐ la contratación                    1. Departamento financiero
☐ la contabilidad                    2. Departamento de producción
☐ la publicidad                      3. Departamento comercial
☐ el control de calidad              4. Departamento de personal
☐ los estudios de mercado            5. Departamento de márketing
☐ los costes
☐ las ventas
☐ los salarios

**6** El organigrama. Escucha e identifica qué cargo del recuadro corresponde a cada persona.

PISTA **15**

| | | | |
|---|---|---|---|
| directora de administración | director general | directora comercial | director de márketing |
| director de producción | directora de RR HH | director financiero | |

Ignacio Bravo

Miguel Pérez Domingo

Pilar Marín          Fernando Madrid

José Luis González

María Leal          Beatriz Catalá

# CREEMOS Y NEGOCIEMOS

## Dos empresas líderes

**1** Leamos los perfiles de estas dos empresas.

**Iberia** es un grupo internacional de transporte aéreo; transporta pasajeros y mercancías.

La compañía es fundadora y propietaria de un 18,28 por ciento de **Amadeus**, el sistema de reservas informáticas líder del mundo.

Además, desde 2002, un año después de su salida a Bolsa, Iberia forma parte del selectivo índice **Ibex 35** de la Bolsa española.

Desde la fundación e inicio de los vuelos de la compañía, más de 575 millones de personas han viajado con Iberia. Es líder en España y en los mercados que unen Europa con América Latina.

Adaptado de iberia.es

**Telefónica** es un operador global e integrado de soluciones de comunicación. Es líder en el mercado de habla hispana y portuguesa. Tiene 115 millones de clientes en un mercado potencial de 500 millones. Su presencia es significativa en 13 países, pero realiza operaciones en más de veinte.

Telefónica es una empresa totalmente privada. Tiene más de 1,6 millones de accionistas directos. Actualmente, desea reforzar su presencia en los dos mercados latinoamericanos más importantes Brasil y México.

Adaptado de telefonica.es

**2** ¿A cuál de las dos empresas corresponden estas afirmaciones?

| | Iberia | Telefónica |
|---|---|---|
| 1. Es una empresa internacional. | ☐ | ☐ |
| 2. Está cotizada en Bolsa. | ☐ | ☐ |
| 3. Transporta pasajeros. | ☐ | ☐ |
| 4. Es líder en el mercado hispanohablante. | ☐ | ☐ |
| 5. Tiene más de 500 millones de clientes. | ☐ | ☐ |

| | Iberia | Telefónica |
|---|---|---|
| 6. Desea reforzar su presencia en Brasil y México. | ☐ | ☐ |
| 7. Ha creado un sistema de reservas. | ☐ | ☐ |
| 8. Opera en más de veinte países. | ☐ | ☐ |
| 9. Tiene más de un millón de accionistas. | ☐ | ☐ |
| 10. Une Europa con América Latina. | ☐ | ☐ |

**3** Relaciona las dos columnas.

1. grupo internacional
2. líder
3. mercancías
4. Bolsa
5. cliente
6. mercado
7. propietaria

☐ a. donde se intercambian acciones
☐ b. actividad de compra y venta
☐ c. dueña de la empresa
☐ d. persona que compra
☐ e. productos para vender
☐ f. el primero en su sector
☐ g. empresa presente en varios países

**4** Una primera visita a dos sitios de Internet de grandes empresas españolas.

Vamos a explorar los sitios Internet de Iberia y Telefónica.

En el sitio de Iberia (www.iberia.es) pulsad en *Grupo Iberia*, luego en *Acerca de Iberia* y veréis aparecer varios temas: *¿Quiénes somos? ¿Por qué Iberia? Equipo humano. Iberia en cifras.* Solos o en parejas, tomad notas de las informaciones de interés que allí aparecen.

En el sitio de Telefónica (www.telefonica.es), veréis en el índice el título *Nuestra compañía*, allí pulsad en *Acerca de Telefónica*, veréis aparecer una lista de temas, id a *Descripción del grupo.* Solos o en parejas, tomad notas de las informaciones de interés que allí aparecen.

**5** Individualmente o en grupo, haced una presentación breve de cada empresa.

# b Compartir o no compartir el despacho

## 1 ¿Cuál es la opinión de los empleados?

A mí no me gusta compartir mi despacho. No me concentro cuando estoy con otra persona a mi lado. Necesito estar sola para trabajar. Además, cuando hablo por teléfono, no me preocupo y no molesto a mi compañero de oficina. Estar solo me permite tener más libertad en mi trabajo.

A mí me gusta compartir mi despacho porque para mí es importante establecer relaciones cercanas con la gente con quien trabajo. Me gusta tener la opinión de mi compañero o compañera de oficina sobre mi trabajo. Siempre es bueno tener un eco de lo que haces.

Yo también trabajo con un colega. Me gusta, pero a veces me cansa. Él habla siempre, me comenta todo lo que hace con su mujer y sus hijos, los problemas que tienen, sus enfermedades y dificultades en la escuela. A veces es muy pesado compartir el despacho.

Yo comparto mi despacho con dos personas. Hemos tenido algunos problemas, primero de espacio porque nuestra oficina no es muy grande, pero finalmente nos hemos organizado. Hemos decidido juntos la decoración y ahora nos llevamos muy bien.

## 2 Relaciona las 3 columnas para formar una frase.

| | | |
|---|---|---|
| 1. Me gusta | ☐ molestar | ☐ con muchas responsabilidades |
| 2. Tengo un | ☐ compañero | ☐ a mis compañeros de trabajo |
| 3. Me llevo bien con mi | ☐ trabajo | ☐ mi lugar de trabajo |
| 4. Necesito estar | ☐ decorar | ☐ para concentrarme |
| 5. No me gusta | ☐ solo | ☐ de trabajo |

## 3 ¿Y a ti te gusta compartir el despacho? Un encuentro entre dos compañeros de trabajo.

Juan/a y Vicente/a trabajan en la misma empresa desde hace 4 años y ahora van a compartir el despacho. Originalmente es el despacho de Juan/a, que ha trabajado solo/a hasta ahora. Pero por falta de espacio en la oficina, la dirección ha decidido que ciertos empleados van a compartir los despachos. No son reticentes a esta idea, sobre todo Vicente/a, que está acostumbrado/a a compartir el despacho, pero los dos tienen un poco de temor porque no se conocen mucho.

Hoy es el día del encuentro. Juan/a presenta el despacho a Vicente/a. Es un local de 12 m², en donde hay un armario, un archivador, una mesa de trabajo, dos sillas, el ordenador de Juan/a y una impresora. Está decorado con fotografías de la familia de Juan/a, de su perro y de su equipo de fútbol preferido.

Con las siguientes informaciones, en parejas o grupos debéis crear juntos un diálogo del encuentro entre Juan/a y Vicente/a.

Los temas del encuentro son los siguientes:

Primero: es necesario encontrar un espacio para la mesa de trabajo de Vicente/a, su ordenador y dos sillas más. Segundo: a Vicente/a no le gusta la decoración actual.

# CADA DÍ@ MÁS

## La presencia de El Corte Inglés en España

**1** **El Corte Inglés. Ordena estos párrafos para conocer la historia de la empresa y de su fundador.**

**a** Cuatro años después, viaja a Estados Unidos y Canadá. Trabaja en una empresa de importación y estudia inglés y economía.

**b** Una vez creado el centro comercial de la calle Preciados, Ramón Areces se dedica al crecimiento de El Corte Inglés y abre nuevos centros en las grandes ciudades españolas.

**c** En 1940, Ramón Areces compra una nueva tienda en la esquina de las calles Preciados y Tetuán, cerca de la Puerta del Sol.

**d** Nace en 1904 Ramón Areces Rodríguez en La Mata, un pueblo del Principado de Asturias.

**e** En 1934 regresa definitivamente a Madrid y, en 1935, con la ayuda de su tío César Rodríguez, compra una pequeña tienda en la calle Rompelanzas, cerca de la calle Preciados.

**f** La pequeña tienda de la calle Rompelanzas se dedica a la fabricación y venta de artículos de confección para niños. Se llama El Corte Inglés.

**g** A los quince años emigra a Cuba y trabaja como aprendiz en los almacenes El Encanto.

**h** Hoy, El Corte Inglés es una cadena de grandes almacenes por toda España. Está presente en casi todas las Comunidades Autónomas.

**i** Pocos años después, la tienda de Preciados es transformada en centro comercial con departamentos de venta. Ha nacido el primero de los grandes almacenes españoles.

**j** En 1966 Isidoro Álvarez Álvarez es nombrado director general. Desde la muerte de Ramón Areces, en 1989, dirige la empresa.

Adaptado de elcorteingles.es

**2** **El mapa de El Corte Inglés. Mira las fotos de la página siguiente y escucha la grabación; apunta en el mapa el nombre de las ciudades evocadas y el de la Comunidad Autónoma a la que pertenecen.**

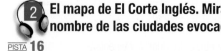

PISTA **16**

**3** **Para completar el mapa, apunta el nombre de las Comunidades Autónomas en las que está presente El Corte Inglés. ¿En cuáles no está presente?**

# EL RINCÓN GRAMATICAL

## ADVERBIOS DE LUGAR Y DEMOSTRATIVOS

Observa estas frases del diálogo:

**YO**
**aquí**
cercanía

**ahí**
menos cercanía

**allí**
lejanía

este – esta – estos – estas – esto

ese – esa – esos – esas – eso

aquel – aquella – aquellos – aquellas – aquello

– ¿Con quién compartes *este* despacho?
– Y, ¿quién está en *ese* despacho?
– *Ahí* está Roberto Bolaño.
– *Aquel* despacho del fondo, *allí*, ¿de quién es?
– *Allí* está el ogro de la empresa…

– Yo trabajo **aquí**, en **este** despacho.
– Roberto Bolaño está **ahí**, en **ese** despacho.
– El ogro de la empresa está **allí**, en **aquel** despacho.

**Observación**: Las formas neutras **esto**, **eso** y **aquello** se usan para referirse a cosas o conceptos:

• ¿Qué significa **esto**?  • ¿Qué es **aquello**?

## VERBO GUSTAR

Observa estas frases del diálogo:

– Ahora *me gusta* bastante el tenis.
– *A mí* no, *me gustan* más el fútbol y el baloncesto.

| Pronombre | | Sujeto singular | Sujeto plural |
|---|---|---|---|
| a mí | me | | |
| a ti | te | | |
| a él, ella, usted | le | el proyecto | las responsabilidades |
| | | gusta  innovar | gustan  los viajes |
| a nosotros/as | nos | la jefa | los amigos |
| a vosotros/as | os | | |
| a ellos, ellas, ustedes | les | | |

**Observación**: Otros verbos se construyen como **gustar**, **parecer**, **apetecer**, **encantar**.

• **Te apetece** ir al museo?  • Sí, **me encantan** los museos.
• A mí **me parecen** muy interesantes.

### PRESENTE DE INDICATIVO

**hacer**

**hago**

haces

hace

hacemos

hacéis

hacen

## ¡CUIDADO!

Observa estas frases del diálogo:

– ¿Comemos juntos hoy día? – *Sí.*  sí (con acento) = afirmación

– Una pregunta más, *si* no te molesta.  si (sin acento) = condicional

– ¿El ogro de la empresa? ¿*Por qué*?  ¿Por qué? (dos palabras, con acento) = interrogativo

– *Porque* es un cascarrabias.  Porque (una palabra, sin acento) = explicativo

## PRETÉRITO PERFECTO

Observa estas frases del diálogo:

–*Él **ha cambiado** de departamento.*

–*Me **ha dado** un poco de pena porque siempre **hemos trabajado** juntos.*

| Presente de haber | + | Participio pasado del verbo | | |
|---|---|---|---|---|
| | | hablar | comer | vivir |
| he | | | | |
| has | | | | |
| ha | | hablado | comido | vivido |
| hemos | | | | |
| habéis | | | | |
| han | | | | |

## INTERROGATIVOS

| | |
|---|---|
| ¿Quién? | *¿**Quién** está en ese despacho?* |
| | *¿**Quienes** hablan?* |
| ¿Cuál? | *-Tengo otras ocupaciones.* |
| | *¿**Cuáles**?* |
| ¿Qué? | *Y tú, ¿**qué** deporte practicas?* |
| ¿Por qué? | *El ogro de la empresa, ¿**por qué**?* |
| ¿Cómo? | *¿**Cómo** te llamas?* |
| ¿Dónde? | *¿**Dónde** está tu oficina?* |
| ¿Cuándo? | *¿**Cuándo** comemos? ¿A las dos?* |
| ¿Cuánto? | *¿**Cuánto** ganas?* |

**Observación**: **Cuánto** tiene formas masculina, femenina, singular y plural:

• ¿**Cuántas** amigas tienes?

## LA NEGACIÓN

Observa estas frases:

**No** *me gusta el tenis.*
**No** *me gustan **ni** el Barça, **ni** el Madrid.*

**Nunca** *está de buen humor.*
**No** *está **nunca** de buen humor.*

**No** y **ni** se colocan siempre delante del verbo o del nombre.

**Nunca** puede ir delante del verbo o detrás; en este caso se usa precedido de **no**.

## EL ACUERDO Y EL DESACUERDO

Observa estas frases:

| | | | |
|---|---|---|---|
| –*Me gustan el fútbol y el baloncesto.* | –*A mí **también**.* | = | acuerdo |
| | –*A mí **no**.* | = | desacuerdo |
| –**No** *me gustan ni el Barça ni el Madrid.* | –*A mí **tampoco**.* | = | acuerdo |
| | –*A mí **sí**.* | = | desacuerdo |

## LA DURACIÓN

Observa estas frases::

| | | |
|---|---|---|
| *Él ha cambiado de departamento **hace** una semana.* | = | hace + expresión temporal |
| *Sí, **hace** una semana **que** se ha ido.* | = | hace + expresión temporal + que + verbo |
| *Pedro está casado **desde hace** un año.* | = | desde hace + expresión temporal |

# El dí@ a dí@

# SENTEMOS BASES

## a1 La agenda

1 **La agenda de Pedro Monagas, jefe de producto de Arcelor. Observa y contesta a las preguntas.**

| Lunes 12 | Martes 13 | Miércoles 14 |
|---|---|---|
| 8 Reunión con el equipo | 7:15 Salida para Sevilla Sevilla visita fábrica | |
| 10 | | |
| 12 | | |
| 14 Reunión y comida con Ángel Pons, director | | |
| 16 Reunión con los ingenieros | | |
| 18 | | Casa Iván Médico Iván |
| | 19:35 Regreso | Piscina con Iván y Ana |
| 20 | | |
| 21 | Cena casa de los Castro | |

| Jueves 15 | Viernes 16 | Sábado 17 |
|---|---|---|
| 8 | BBVA | |
| 10 | | 10:30 Tenis con Alfredo |
| 12 | | |
| 14 | | |
| 16 | | Domingo 18 |
| 18 | | 14:00 Almuerzo cumpleaños Ana |
| 20 Gimnasio | | |
| 21 | | |

1. ¿Cuándo se reúne Pedro Monagas con su equipo?
2. ¿A qué hora empieza la reunión?
3. ¿Con quién almuerza ese día?
4. ¿Qué hace por la tarde?
5. ¿Cuándo está de viaje? ¿Adónde va y por qué?

6. ¿Cuándo tiene que ir al médico con su hijo?
7. ¿Cuándo hace gimnasia? ¿Cuándo y con quién juega al tenis?
8. ¿Cuándo tiene previsto ir al banco?
9. ¿Cuándo tiene una cena?
10. ¿Cuándo van a celebrar el cumpleaños de su hija Ana?

**2** **¿Qué día? ¿A qué hora? Organiza la agenda de Pedro Monagas con las siguientes obligaciones:**

1. Tiene que encontrar al Sr. Martínez de Neturín a principios de semana.
2. Tiene que visitar la fábrica del Grupo Sfera y comer con la Sra. Segura, la directora.
3. Tiene que citarse con un nuevo distribuidor, el Sr. Serrano.
4. Tiene que reunirse con los técnicos para preparar el nuevo producto.
5. Tiene que recibir a Pilar Vicente de Ibis para presentarle el folleto de presentación del nuevo producto.
6. Paul Durand de Alcatel viaja a España a finales de semana. Tiene que ir al aeropuerto a recibirlo y comer con él.

---

**OBLIGACIÓN**

**tener que + infinitivo del verbo**

*Mañana **tengo que ir** al banco.*
*Javier **tiene que hacer** deporte.*

---

**ESTAR DE**

*Pedro Monagas **está de** viaje el martes.*
*Esta semana trabaja. No **está de** vacaciones.*

---

# b Un día de trabajo

**1** **La jornada laboral de Paloma López. Lee el artículo.**

Hoy es martes y llego a la oficina a las 9:00 de la mañana. Minutos después estoy delante del portátil y reviso el correo electrónico. Luego, aprovecho el tiempo que me queda para examinar el proyecto que tengo que presentar a la dirección. La presentación dura desde las 9:30 hasta las 11:00. Poco después, me reúno con el director financiero y analizamos el plan de lanzamiento del producto. A las 12:30, estoy en las oficinas de nuestra agencia de publicidad y tengo una reunión con la directora comercial para preparar la nueva campaña publicitaria. A mediodía, un pequeño almuerzo a base de ensalada y pescado a la plancha y vuelvo a la oficina.

A las 16:30, otra vez en la oficina, reviso de nuevo el correo electrónico y respondo a los mensajes que se han acumulado desde la mañana. A las 17:30 recibo a uno de nuestros clientes. A las 19:00, antes de irme de la oficina, cierro el ordenador para desconectar del trabajo Suelo llegar a casa sobre las 20:00, excepto los días de deporte. Hago natación los lunes y los miércoles a finales de la tarde y aeróbic los sábados por la mañana de 10:30 a 12:00.

Por la noche, después de cenar, dedico tiempo a mi familia, a los amigos, a la lectura o veo un poco la televisión. Si me surge una idea relacionada con el trabajo, la anoto en mi agenda –por cierto, yo utilizo una convencional, la típica, de papel– y ¡a dormir! Mañana es otro día...

Adaptado de *Emprendedores*

**2** **Completa las siguientes frases con las preposiciones del recuadro.**

| a | de | desde | hasta | por |
|---|-----|-------|-------|-----|

1. Paloma López llega a la oficina _____ las 9:00 _____ la mañana.
2. La presentación del proyecto a la dirección dura _____ las 9:30 _____ las 11:00.
3. Está en la agencia de publicidad _____ las 12:30.
4. _____ la tarde, vuelve a la oficina donde tiene una cita _____ las 17:30.
5. También responde a los mensajes electrónicos que se han acumulado _____ la mañana.
6. Suele irse de la oficina _____ las 19:00 _____ la tarde.
7. Practica el aeróbic los sábados _____ la mañana _____ 10:30 _____ 12:00.
8. Sólo _____ la noche, después de cenar, puede dedicar tiempo a su vida privada.

**3** **¿Diptongación o no? Escribe el infinitivo del verbo y di si diptonga o no.**

|              |   | Sí | No |
|--------------|---|----|----|
| llego        | _____ | ☐ | ☐ |
| estoy        | _____ | ☐ | ☐ |
| reviso       | _____ | ☐ | ☐ |
| aprovecho    | _____ | ☐ | ☐ |
| tengo        | _____ | ☐ | ☐ |
| me reúno     | _____ | ☐ | ☐ |
| vuelvo       | _____ | ☐ | ☐ |
| respondo     | _____ | ☐ | ☐ |
| recibo       | _____ | ☐ | ☐ |
| cierro       | _____ | ☐ | ☐ |
| suelo        | _____ | ☐ | ☐ |
| hago         | _____ | ☐ | ☐ |
| dedico       | _____ | ☐ | ☐ |
| veo          | _____ | ☐ | ☐ |
| anoto        | _____ | ☐ | ☐ |
| utilizo      | _____ | ☐ | ☐ |

---

### DIPTONGACIÓN DEL PRESENTE DE INDICATIVO

| e > ie | o > ue |
|--------|--------|
| *pensar* | *poder* |
| | |
| **pie**nso | **pue**do |
| **pie**nsas | **pue**des |
| **pie**nsa | **pue**de |
| pensamos | podemos |
| pensáis | podéis |
| **pie**nsan | **pue**den |

Fíjate en que las formas de *nosotros* y *vosotros* no diptongan.

---

**4** **¿Cómo se dice *week end* en español? Conjuga los verbos en las personas indicadas del presente de indicativo para descubrirlo.**

1. empezar (ellos)   2. soler (yo)   3. preferir (él)   4. querer (tú)   5. venir (Vds.)   6. poder (vosotros)   7. volver (Vd.)
8. pensar (tú)   9. encontrar (yo)   10. dormir (tú)   11. contar (nosotros)   12. tener (ella)   13. jugar (ellas)

---

**5** **Más números. Observa y completa.**

| 200 | doscient**os/as** | 700 | setecientos/as | 1.002 | _____ |
|-----|-------------------|-----|----------------|-------|---------------|
| 300 | _____ | 800 | _____ | 2.000 | dos mil |
| 400 | _____ | 900 | novecientos/as | 3.000 | _____ |
| 500 | quinientos/as | 1.000 | mil | 100.000 | cien mil |
| 600 | _____ | 1.001 | mil uno/a | 1.000.000 | un millón |

---

### LOS NÚMEROS: PARTICULARIDADES

Observa estas irregularidades:
5 = cinco   ≠   500 = **quinientos**
7 = si**e**te   ≠   700 = **se**tecientos
9 = n**ue**ve   ≠   900 = **no**vecientos

Las centenas varían en género:
doscient**os** euros
cuatrocient**as** personas

**Mil** es invariable:
cinco **mil** euros
once **mil** personas

**6** Escucha y señala los números que oyes. ¿Por qué puerta se sale?

| c | | | b | | a | | | |
|---|---|---|---|---|---|---|---|---|
| 337 | 1.900 | 373 | 12 | 758 | 6.745 | 4.500 | 1 | 775 |
| 90 | 715 | 580 | 9.976 | 3.238 | 25 | 2.233 | 7.502 | 35 |
| 50 | 3.698 | 1.823 | 5.720 | 914 | 758 | 785 | 5.189 | 6.662 |
| 806 | 618 | 4.746 | 2.404 | 57 | 5.908 | 77 | 2.369 | 830 |
| 4.753 | 70 | 562 | 552 | 9.793 | 3.145 | 1.940 | 484 | 701 |
| 565 | 7.988 | 484 | 11 | 226 | 8.998 | 9.975 | 135 | 5.700 |
| 185 | 8.860 | 13 | 323 | 72 | 812 | 117 | 6.203 | 61 |

(flechas: c, b, a, l, d, k, e, f, g, h, i, j)

**7** Ahora, prepara tu propio recorrido y lee en voz alta los números. Tus compañeros tienen que señalar el camino.

**8** Los meses y las estaciones. Observa e identifica las fotos con las estaciones. Luego, escucha y completa el cuadro.

PISTA 18

Invierno

Primavera

A veces los árboles se cubren de nieve.

enero

Hay muchas flores en los parques.

Otoño

Verano

Las hojas de los árboles caen con el viento y la lluvia.

Los trigos están maduros y el campo es amarillo.

**9** El cumpleaños. Contesta a las siguientes preguntas.

1. ¿Cuándo es tu cumpleaños? ¿Cuántos años cumples?
2. ¿Cuándo es el cumpleaños de tu mujer / marido / novia / novio?
3. ¿Y el de tu hijo / hija? ¿Cuántos años cumple?
4. ¿Y el de tu madre?
5. ¿Y el de tu padre?

**10** ¿En qué fecha? Escucha y escribe las fechas que oyes.

PISTA 19

a. 30/4 _____
b. 6/1 _____
c. 21/7 _____
d. 3/10 _____

e. 15/12 _____
f. 18/8 _____
g. 8/2 _____
h. 11/6 _____

---

**LA FECHA**

– ¿Qué día **es** hoy?
– Hoy **es el** 20 **de** mayo **de** 200…

– ¿**A** qué día **estamos** hoy?
– Hoy **estamos a** 20 **de** mayo **de** 200…

# ANALICEMOS Y PRACTIQUEMOS

**1** **Leamos este diálogo.**

Remigio: María José, ¿dónde está el informe de la aseguradora?

María José: Está en el armario.

Remigio: ¿Ha visto ya a la señora Ordóñez?

María José: Todavía no he podido.

Remigio: Es muy importante. Tenemos que poner al cliente al corriente del accidente que hemos tenido con sus mercancías, y no por teléfono.

María José Sí, claro, pero desde esta mañana no he tenido un segundo. Cuando he llegado he tenido que verificar los datos sobre el último pedido de café que hemos hecho a nuestro proveedor en Colombia. Luego, he hablado con el distribuidor en Inglaterra y después he ido a ver a la señora Echenique.

Remigio: ¿A Luisa, para qué?

María José: Para ponerla al corriente de la situación, usted mismo me ha dicho que su socia tiene que saber todo lo que ha ocurrido con las mercancías destinadas a la empresa de la señora Ordóñez.

Remigio: Es verdad. ¿Y qué le ha dicho Luisa?

María José: Hemos mirado juntas el informe de la aseguradora.

Remigio: ¿Y?

María José: La señora Echenique ha encontrado fallos en el informe, entonces hemos llamado por teléfono al experto.

Remigio: ¿Y?

María José: Hemos ido a su oficina.

Remigio: ¿Han ido a la oficina de la aseguradora?

María José: Claro.

Remigio: No entiendo por qué ha ido con Luisa.

María José: Porque ella me lo ha pedido y la señora Echenique también es mi jefa.

Remigio: ¿A qué hora han vuelto?

María José: Hemos vuelto sobre las dos.

Remigio: ¿Han cogido el metro?

María José: No, no hemos ido en metro sino en taxi, porque cerca de las oficinas de la aseguradora no hay estación de metro.

Remigio: ¿Han tenido mucho tráfico?

María José: Ya sabe cómo es Madrid a esas horas. Por todas partes es igual: coches y más coches con gente estresada en el interior, y bocinas, y contaminación. Sólo se circula bien los fines de semana.

Remigio: Por ese motivo siempre es mejor coger el metro.

María José: Pero el metro está muy lejos de las oficinas de la aseguradora y cuando no hay metro cerca no se puede hacer nada. ¿Verdad?

Remigio: Es verdad. ¿Piensa que el informe está listo?

María José: Pienso que sí, pero creo que la señora Echenique y usted tienen que hablar antes, me entiende, ustedes son los jefes.

Remigio: Sí, ahora mismo la llamo. Por favor, tiene que ver a la señora Ordóñez para ponerla al tanto de la situación.

María José: Creo que no tengo que verla yo sino que tienen que verla usted o Luisa. Es una situación delicada que tienen que afrontar los jefes, me parece.

Remigio: Tiene razón, no siempre se incendian almacenes con todas las mercancías. Yo me encargo.

**2** Responde con *sí* o *no* a estas afirmaciones.

|  | Sí | No |
|---|---|---|
| 1. El informe de la aseguradora está en el armario. | ☐ | ☐ |
| 2. La señora Ordóñez es la jefa de Remigio. | ☐ | ☐ |
| 3. El proveedor de café de la empresa es español. | ☐ | ☐ |
| 4. Luisa es socia de la empresa. | ☐ | ☐ |
| 5. El informe no ha necesitado correcciones. | ☐ | ☐ |

|  | Sí | No |
|---|---|---|
| 6. María José y Luisa han tenido una cita con la aseguradora. | ☐ | ☐ |
| 7. Han ido en metro. | ☐ | ☐ |
| 8. En ciertas horas del día hay mucho tráfico en Madrid. | ☐ | ☐ |
| 9. Finalmente, Remigio va a telefonear a su socia. | ☐ | ☐ |
| 10. Los almacenes se han incendiado. | ☐ | ☐ |

**3** Escoge la respuesta correcta.

1. ¿Qué ha ocurrido con las mercancías del cliente?
   - ☐ a. Se han hundido en un barco.
   - ☐ b. Se han incendiado en los almacenes.
   - ☐ c. Han sido robadas.

2. ¿Por qué han ido a ver al experto de la aseguradora?
   - ☐ a. Para firmar un nuevo contrato.
   - ☐ b. Para pedir consejos.
   - ☐ c. Para verificar el informe del accidente.

3. ¿Por qué Remigio tiene que hablar antes con Luisa?
   - ☐ a. Porque Luisa es su socia.
   - ☐ b. Porque Luisa es la jefa de Remigio.
   - ☐ c. Porque Remigio es un hombre muy cortés.

4. ¿Por qué María José no quiere llamar a la cliente?
   - ☐ a. Porque los jefes tienen que hablar con ella.
   - ☐ b. Porque está cansada de hablar con ella.
   - ☐ c. Porque es muy amiga de la cliente.

5. ¿Por qué Remigio piensa que es mejor coger el metro?
   - ☐ a. Porque en el metro se puede leer cómodamente.
   - ☐ b. Porque el metro es más barato.
   - ☐ c. Porque en metro se viaja más rápidamente a esa hora.

**4** Relaciona los sinónimos correspondientes.

- ☐ 1. aseguradora
- ☐ 2. verificar
- ☐ 3. proveedor/a
- ☐ 4. socio/a
- ☐ 5. informe
- ☐ 6. volver
- ☐ 7. jefe/a
- ☐ 8. almacén
- ☐ 9. poner al corriente

a. compañía de seguros
b. regresar
c. poner al tanto
d. abastecedor/a
e. superior/a
f. asociado/a
g. comprobar
h. expediente
i. depósito

**5** Escribe los sustantivos de estos verbos.

volver _____     informar _____     asociarse _____

almacenar _____     llamar _____     asegurar _____

proveer _____     distribuir _____     verificar _____

# b Madrid, en metro

**1** Plano del Metro de Madrid. Observa y di de qué color son las líneas.

| | | | |
|---|---|---|---|
| **1** Plaza de Castilla / Congosto | | **8** Nuevos Ministerios / Barajas | |
| **2** Ventas / Cuatros Caminos | | **9** Herrera Oria / Arganda del Rey | |
| **3** Legazpi / Moncloa | | **10** Fuencarral / Puerta del Sur | |
| **4** Argüelles / Parque de Santa María | | **11** Plaza Elíptica / Pan Bendito | |
| **5** Canillejas / Casa de Campo | | **12** MetroSur | |
| **6** Circular | | **R** Ópera / Príncipe Pío | |
| **7** Las Musas / Pitis | | | |

**2**
PISTA **20**
Escucha y completa el siguiente itinerario para ir del aeropuerto de Barajas [8] a Goya [4]:

_____ la línea ___ en dirección _____ hasta _____ ; allí _____ a la línea ___

en dirección _____ . Goya es la décima _____ .

**3** **Ahora, prepara tu itinerario y explícalo a la clase.**

1. Llegas en tren a Atocha Renfe [línea 1] y tienes cita en Colón [4].
2. Vives en Islas Filipinas [7] y tienes que ir a La Latina [5].
3. Trabajas en Banco de España [2] y vas a Santiago Bernabéu [10].

**4** **Metronautas. Lee la información del metro y responde a las preguntas.**

1. Son las 7:00 de la mañana y tienes que ir al trabajo.
¿Está abierto el metro? ¿Desde qué hora?
2. Hoy es domingo y has salido con tus amigos. Son
las 2:00 de la madrugada, ¿puedes regresar en metro?
3. ¿Cuántas veces puedes utilizar el billete sencillo?
4. ¿Cómo se llama el billete de 10 viajes? ¿Por qué?
5. ¿Cuáles son las diversas modalidades del abono?
6. ¿Dónde se compran los billetes y los abonos?
7. ¿Existe una modalidad especial para los turistas?
8. ¿Cuándo puedes utilizar una bicicleta?
9. ¿Cuál es la dirección electrónica del metro?

> **Metronautas**
>
> **Horario**: El horario de servicio al público es de
> 6:00 h de la mañana a 1:30 h de la madrugada, du-
> rante todos los días del año, incluso los días festivos,
> y para todas las estaciones de la red.
>
> **Tarifas**: Existen dos tipos de billetes:
> - el billete sencillo para un viaje = 1 €,
> - el metrobús para diez viajes, de utilización tam-
> bién en el autobús = 6,15 €.
> También existen abonos mensuales y anuales,
> títulos de uso ilimitado en toda la red de metro y de
> autobuses dentro de la zona tarifaria del abono. Hay
> 7 coronas tarifarias y diversas modalidades de abo-
> no: Normal, Joven y 3ª edad.
> Todos los billetes se pueden comprar en las ta-
> quillas o en las máquinas expendedoras del metro.
> El metrobús y los abonos también se pueden com-
> prar en quioscos o estancos.
> Existen abonos turísticos de 1, 2, 3, 5 o 7 días, de
> venta en estancos, quioscos y algunas estaciones de
> la red de metro.
>
> **Horario de bicicletas**: sábados, domin-
> gos y festivos durante todo el horario de servicio.
> www.metromadrid.es

**5** **Y en tu ciudad, ¿hay metro? ¿Cómo es el sistema de transporte?**

**6** **¿Alguna vez has hecho estas cosas? Emplea el presente y/o el pretérito perfecto.**

1. Viajar en barco, en avión o en moto.
2. Descubrir un país de habla española.
3. Visitar museos y exposiciones.
4. Hacer un viaje de negocios.
5. Escribir una carta, una postal o un correo electrónico.
6. Leer el periódico.
7. Jugar al golf.
8. Montar a caballo.
9. Ver un partido de fútbol.
10. Ir a ver una corrida de toros.

| FRECUENCIA |
| --- |
| una vez al mes / dos veces por semana |
| a veces / de vez en cuando |
| algunas / muchas / pocas / muy pocas veces |
| siempre / a menudo |
| nunca / casi nunca |
| cada día / semana / mes / año |
| todos los días / meses / años |
| los lunes / martes / fines de semana |

# CREEMOS Y NEGOCIEMOS

## Las empresas más admiradas

**1** Lee el texto del recuadro.

Según un estudio elaborado por *Pricewaterhouse-Coopers* y el diario británico *Financial Times*, estas son las compañías más respetadas en cada sector de actividad, las empresas mejor gobernadas, las socialmente más responsables, las que mayor valor crean para el accionista, las más innovadoras y las empresas que tienen los líderes y directivos más admirados.

Adaptado de www.expansion.com

**2** Escribe debajo de cada uno de los logotipos el sector al cual pertenecen estas empresas.

Energía    Construcción    Textil    Seguros    Telecomunicaciones    Distribución    Banca    Automóvil

1. _____

4. _____

7. _____

10. _____

**BBVA**

2. _____

5. _____

8. _____

**INDITEX**

3. _____

6. _____

**ACS**
ACTIVIDADES DE CONSTRUCCIÓN Y SERVICIOS

9. _____

**3** ¿Cuál de estas empresas conoces? ¿Alguna de ellas está presente en tu país? Coméntalo con tus compañeros.

**4 Escucha la presentación de estas empresas y di en qué se basa su éxito.**

| | ACS | BBVA | ZARA | SEAT |
|---|---|---|---|---|
| 1. Moda inspirada en la mujer y el hombre de hoy. | | | | |
| 2. Organización eficiente, gestión dinámica y sucesivas fusiones. | | | | |
| 3. Excelentes ingenieros, centros de test y tecnología punta. | | | | |
| 4. La innovación, los principios éticos y la tecnología. | | | | |

**5 Lee esta explicación.**

**Inditex** no sólo es un referente para los *fashion victim*, sino que el grupo textil se ha convertido en una de las empresas más admiradas del mundo y la primera de España a la hora de rendir cuentas a la sociedad. El grupo textil, dirigido por Amancio Ortega, ha inaugurado 322 tiendas este año y ya está presente en 56 países de todo el mundo. Ha conseguido en el pasado ejercicio sus mejores resultados después de su salida a Bolsa.

La operadora de telecomunicaciones **Telefónica** está en el segundo puesto. Su proyección internacional en Iberoamérica le ha llevado a introducirse en nuevos mercados y a competir a nivel mundial.

Por otra parte, en el tercer lugar encontramos a otra empresa gigante de la distribución, **El Corte Inglés**, presidida por Isidoro Álvarez.

Las dos entidades bancarias más grandes del país, **Santander** y **BBVA**, se han colocado en el cuarto y quinto peldaño respectivamente. La petrolera **Repsol YPF**, la constructora **ACS**, la gasista **Gas Natural**, la aseguradora **Mapfre** y el fabricante de vehículos **Seat** completan el *top ten* español.

Además, **Inditex, El Corte Inglés** y **Santander** lideran la lista de españoles del ranking mundial de empresas con mejor reputación.

Adaptado de expansion.com

**6 Escribe el nombre de la empresa a la cual corresponden estas afirmaciones.**

1. Es la mejor empresa española del momento. _____

2. Fabrica coches y forma parte de las diez mejores. _____

3. Su director es Isidoro Álvarez. _____

4. Vende petróleo. _____

5. Está en el segundo lugar del ranking. _____

6. Está en el quinto puesto. _____

7. Es un banco que tiene muy buena reputación a nivel mundial. _____

8. Vende seguros. _____

**7 Se divide la clase en parejas o grupos. Los estudiantes tienen que ir a los sitios Internet de estas empresas y preparar una presentación a la clase sobre las actividades, el mercado, la organización, la historia, los recursos humanos, etc.**

www.inditex.es, www.telefonica.es, www.elcorteingles.es, www.gruposantander.es, www.bbva.es, www.repsol.es, www.grupoacs.es, http://portal.gasnatural.com, www.mapfre.es, www.seat.es.

Después de escuchar las presentaciones, cada estudiante debe votar por la mejor empresa para trabajar. Al final debe haber dos empresas ganadoras, pero solamente podemos trabajar en una, ¿en cuál?

Entonces, la clase se divide en tres grupos: dos van a debatir sobre las dos empresas finalistas, los otros estudiantes escuchan y al final votan para elegir la empresa ganadora.

# CADA DÍ@ MÁS

## El calendario

| ENERO | | | | | | |
|---|---|---|---|---|---|---|
| L | M | X | J | V | S | D |
| 1 | 2 | 3 | 4 | 5 | 6 | 7 |
| 8 | 19 | 10 | 11 | 12 | 13 | 14 |
| 15 | 16 | 17 | 18 | 19 | 20 | 21 |
| 22 | 23 | 24 | 25 | 26 | 27 | 28 |
| 29 | 30 | 31 | | | | |

| FEBRERO | | | | | | |
|---|---|---|---|---|---|---|
| L | M | X | J | V | S | D |
| | | | 1 | 2 | 3 | 4 |
| 5 | 6 | 7 | 8 | 9 | 10 | 11 |
| 12 | 13 | 14 | 15 | 16 | 17 | 18 |
| 19 | 20 | 21 | 22 | 23 | 24 | 25 |
| 26 | 27 | 28 | | | | |

| MARZO | | | | | | |
|---|---|---|---|---|---|---|
| L | M | X | J | V | S | D |
| | | | 1 | 2 | 3 | 4 |
| 5 | 6 | 7 | 8 | 9 | 10 | 11 |
| 12 | 13 | 14 | 15 | 16 | 17 | 18 |
| 19 | 20 | 21 | 22 | 23 | 24 | 25 |
| 26 | 27 | 28 | 29 | 30 | 31 | |

| ABRIL | | | | | | |
|---|---|---|---|---|---|---|
| L | M | X | J | V | S | D |
| | | | | | | 1 |
| 2 | 3 | 4 | 5 | 6 | 7 | 8 |
| 9 | 10 | 11 | 12 | 13 | 14 | 15 |
| 16 | 17 | 18 | 19 | 20 | 21 | 22 |
| 23/30 | 24 | 25 | 26 | 27 | 28 | 29 |

| MAYO | | | | | | |
|---|---|---|---|---|---|---|
| L | M | X | J | V | S | D |
| | 1 | 2 | 3 | 4 | 5 | 6 |
| 7 | 8 | 9 | 10 | 11 | 12 | 13 |
| 14 | 15 | 16 | 17 | 18 | 19 | 20 |
| 21 | 22 | 23 | 24 | 25 | 26 | 27 |
| 28 | 29 | 30 | 31 | | | |

| JUNIO | | | | | | |
|---|---|---|---|---|---|---|
| L | M | X | J | V | S | D |
| | | | 1 | 2 | 3 | |
| 4 | 5 | 6 | 7 | 8 | 9 | 10 |
| 11 | 12 | 13 | 14 | 15 | 16 | 17 |
| 18 | 19 | 20 | 21 | 22 | 23 | 24 |
| 25 | 26 | 27 | 28 | 29 | 30 | |

| JULIO | | | | | | |
|---|---|---|---|---|---|---|
| L | M | X | J | V | S | D |
| | | | | | | 1 |
| 2 | 3 | 4 | 5 | 6 | 7 | 8 |
| 9 | 10 | 11 | 12 | 13 | 14 | 15 |
| 16 | 17 | 18 | 19 | 20 | 21 | 22 |
| 23/30 | 24/31 | 25 | 26 | 27 | 28 | 29 |

| AGOSTO | | | | | | |
|---|---|---|---|---|---|---|
| L | M | X | J | V | S | D |
| | 1 | 2 | 3 | 4 | 5 | |
| 6 | 7 | 8 | 9 | 10 | 11 | 12 |
| 13 | 14 | 15 | 16 | 17 | 18 | 19 |
| 20 | 21 | 22 | 23 | 24 | 25 | 26 |
| 27 | 28 | 29 | 30 | 31 | | |

| SEPTIEMBRE | | | | | | |
|---|---|---|---|---|---|---|
| L | M | X | J | V | S | D |
| | | | | | 1 | 2 |
| 3 | 4 | 5 | 6 | 7 | 8 | 9 |
| 10 | 11 | 12 | 13 | 14 | 15 | 16 |
| 17 | 18 | 19 | 20 | 21 | 22 | 23 |
| 24 | 25 | 26 | 27 | 28 | 29 | 30 |

| OCTUBRE | | | | | | |
|---|---|---|---|---|---|---|
| L | M | X | J | V | S | D |
| 1 | 2 | 3 | 4 | 5 | 6 | 7 |
| 8 | 9 | 10 | 11 | 12 | 13 | 14 |
| 15 | 16 | 17 | 18 | 19 | 20 | 21 |
| 22 | 23 | 24 | 25 | 26 | 27 | 28 |
| 29 | 30 | 31 | | | | |

| NOVIEMBRE | | | | | | |
|---|---|---|---|---|---|---|
| L | M | X | J | V | S | D |
| | | 1 | 2 | 3 | 4 | |
| 5 | 6 | 7 | 8 | 9 | 10 | 11 |
| 12 | 13 | 14 | 15 | 16 | 17 | 18 |
| 19 | 20 | 21 | 22 | 23 | 24 | 25 |
| 26 | 27 | 28 | 29 | 30 | | |

| DICIEMBRE | | | | | | |
|---|---|---|---|---|---|---|
| L | M | X | J | V | S | D |
| | | | | | 1 | 2 |
| 3 | 4 | 5 | 6 | 7 | 8 | 9 |
| 10 | 11 | 12 | 13 | 14 | 15 | 16 |
| 17 | 18 | 19 | 20 | 21 | 22 | 23 |
| 24/31 | 25 | 26 | 27 | 28 | 29 | 30 |

**1** **¡España es diferente!**

PISTA **22**

> Como España tiene un régimen de autonomías, las Comunidades Autónomas pueden optar por fiestas regionales y tener un calendario de días festivos diferente. Además, cada autonomía tiene dos días de fiestas locales y uno de fiesta nacional de la Comunidad.

Escucha y completa el calendario oficial para las comunidades de Madrid y de Cataluña.

| Días festivos nacionales | Comunidad de Madrid | Comunidad de Cataluña |
|---|---|---|
| Año Nuevo | _____ | _____ |
| Reyes – Epifanía del Señor | _____ | _____ |
| Viernes Santo | _____ | _____ |
| Fiesta del Trabajo | _____ | _____ |
| Asunción de la Virgen | _____ | _____ |
| Día de la Hispanidad | _____ | _____ |
| Todos los Santos | _____ | _____ |
| Día de la Constitución | _____ | _____ |
| Inmaculada Concepción | _____ | _____ |
| Navidad | _____ | _____ |

**2** Compara estos días festivos con los de tu país. ¿Cuáles son las diferencias más significativas?

**¿En qué día cae? Con la ayuda del calendario, completa el siguiente cuadro.**

| Día festivo | Lunes | Martes | Miércoles | Jueves | Viernes | Sábado | Domingo |
|---|---|---|---|---|---|---|---|
| Año Nuevo | | | | | | | |
| Reyes | | | | | | | |
| Viernes Santo | | | | | | | |
| Fiesta del Trabajo | | | | | | | |
| Día de la Comunidad de Madrid | | | | | | | |
| San Isidro | | | | | | | |
| Asunción de la Virgen | | | | | | | |
| Diada de Catalunya | | | | | | | |
| Fiesta de la Mercè | | | | | | | |
| Día de la Hispanidad | | | | | | | |
| Todos los Santos | | | | | | | |
| Día de la Constitución | | | | | | | |
| Inmaculada Concepción | | | | | | | |
| Navidad | | | | | | | |

4 **Es Navidad en España. Lee el siguiente texto.**

**Navidad:** La Nochebuena se celebra el 24 de diciembre con una cena familiar. La comida tradicional es el pavo y los turrones. Las casas españolas se adornan con el belén o Portal de Belén, representación plástica del nacimiento del Niño Jesús. Además, en muchas casas luce el árbol de Navidad lleno de adornos.

**Año Nuevo:** La Nochevieja es la última noche del año. Después de cenar, todos los españoles se preparan para "tomar las doce uvas", una por cada campanada del reloj de medianoche que anuncia la llegada del Año Nuevo. Según la tradición popular, estas uvas dan suerte para el Año Nuevo.

**Reyes:** En la madrugada del 6 de enero llegan los Reyes Magos –Melchor, Gaspar y Baltasar–, cargados de juguetes y regalos para los pequeños y los mayores. Ese día se come el roscón de Reyes: un bollo redondo, adornado con almendras y frutas confitadas, que lleva una sorpresa dentro. La persona que tiene la sorpresa... ¡tiene que pagar otro roscón!

5 **Ahora, identifica estos dibujos.**

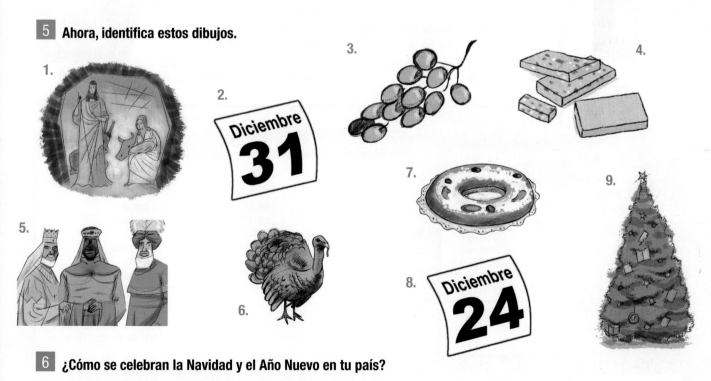

1.
2.
3.
4.
5.
6.
7.
8.
9.

6 **¿Cómo se celebran la Navidad y el Año Nuevo en tu país?**

## PREPOSICIONES

### Para indicar el lugar:

Voy **en** coche

Voy **de** casa **a** la oficina

Voy **por** el parque

| En | estar / vivir en | Estoy **en** mi despacho.<br>Vivo **en** España. |
|---|---|---|
| En | **ir en** = transporte | Voy **en** coche.<br>Voy **en** autobús.<br>≠ Voy **a** pie / **a** caballo. |
| A | **ir a** = dirección | Voy **a** la oficina.<br>Voy **al** banco. |
| Por | **ir por** = vía | Voy **por** el parque. |
| De | **ser / venir de** = origen | Soy **de** Sevilla.<br>El avión viene **de** Sevilla. |
| Desde | **desde** = origen | Ha venido en tren **desde** Lugo |
| De ......... a<br>Desde ......... hasta | **de...a** /<br>**desde...hasta**<br>= origen y destino | Voy **de** casa **a** la oficina<br>Voy **del** el banco **al** el mercado.<br>Voy **desde** el banco **hasta** el mercado |

### Para indicar el tiempo:

Son las ocho **de** la tarde

Me levanto **a** las 7

| A | | me levanto<br>almuerzo **a**<br>ceno<br>me acuesto | las 7<br>las 2<br>las 10<br>las 12 |
|---|---|---|---|
| De | | son / a las 8<br>son / a las 6 **de**<br>son / a las 11<br>son / a las 5 | la mañana<br>la tarde<br>la noche<br>la madrugada |
| Por | | el lunes<br>ayer **por**<br>hoy<br>mañana | la mañana<br>la tarde<br>la noche |
| En | **estar en** = período | Estamos **en** primavera.<br>**en** enero / **en** 200… | |
| Desde | **desde + horas / fecha**<br>= a partir de | **desde** hoy / **desde** las 9<br>**desde** enero / **desde** 200… | |
| De ......... a<br>Desde ......... hasta | origen y límite | Los bancos abren **de** 8 y media **a** 2<br>o **desde** las 8 y media **hasta** las 2. | |

[B]

Los bancos abren **de** 8.30 **a** 2

Estamos **en** primavera

## PRESENTE DE INDICATIVO

| salir | construir |
|---|---|
| **salgo** | construyo |
| sales | construyes |
| sale | construye |
| salimos | construimos |
| salís | construís |
| salen | construyen |

Los verbos acabados en **–uir** se conjugan como *construir*

## PRESENTE DE INDICATIVO: DIPTONGACIÓN

| pensar<br>e>ie | poder<br>o>ue | jugar<br>u>ue |
|---|---|---|
| pienso | puedo | juego |
| piensas | puedes | juegas |
| piensa | puede | juega |
| pensamos | podemos | jugamos |
| pensáis | podéis | jugáis |
| piensan | pueden | juegan |

### Observación:

1° Sólo diptongan las vocales **acentuadas** del radical. Las primeras y segundas personas del plural no son afectadas por esta irregularidad.

2° El verbo **jugar** presenta el único caso de diptonga **u>ue**.

## PARTICIPIO PASADO: IRREGULARIDADES

Observa estas frases del diálogo:

¿**Ha visto** ya a la señora Ordóñez?

Usted mismo me **ha dicho**...

¿A qué hora **han vuelto**?

### Participios irregulares:

| abrir | → | abierto | | decir | → | dicho |
|-------|---|---------|---|-------|---|-------|
| cubrir | → | cubierto | | hacer | → | hecho |
| morir | → | muerto | | | | |
| | | | | | | |
| escribir | → | escrito | | poner | → | puesto |
| freír | → | frito | | ver | → | visto |

Así como los verbos terminados en **–olver: volver -> vuelto** y los verbos derivados: descubrir -> **descubierto**

¿Qué ha dicho hoy el profesor en clase?
Que tenemos que estdiar desde el capítulo 2 hasta el 4

## PRETÉRITO PERFECTO. CONSTRUCCIÓN

Observa esta frases:

Hemos mirado **juntos** el informe. = **Juntos** hemos mirado el informe.

**Todavía** no he podido. = No he podido **todavía**.

haber + participio = grupo verbal inseparable

## PERO ≠ SINO (QUE)

Observa estas frases del diálogo:

| Sí, claro, **pero** desde esta mañana no he tenido un segundo. | Frase afirmativa: uso de **pero** |
| No, no hemos ido en metro **sino** en taxi... | Frase negativa: uso de **sino** |
| Creo que no tengo que verla yo **sino que** tienen que verla usted o Luisa. | Frase negativa + verbo conjugado uso de **sino que** |

## ¡CUIDADO!

Observa estas frases del diálogo:

| ¿Has visto ya a **la** señora Ordóñez? | Hablamos de la Sra. Ordóñez = **con artículo** |
| ¡Hola! ¡Buenas tardes, señora Ordóñez! | Me dirijo a la Sra. Ordóñez = **sin artículo** |
| Porque **los miércoles** por la tarde no trabaja. | **El plural** indica una acción **habitual** |
| Sólo se circula bien **los fines de semana**. | |
| Hemos vuelto **sobre** las dos. | **sobre** + hora / fecha = **aproximadamente** |
| ...siempre es **mejor** coger el metro. | **mejor** = más bien |

# 4

# El mundo laboral

## SENTEMOS BASES

### a1 La vida laboral

**1** Lee estas opiniones. Observa los verbos en negrita.

Yo **prefiero** pensar que la vida laboral está llena de aventuras y que, si bien es cierto que las cosas no son siempre fáciles, lo más importante es tener una actitud positiva frente a la actividad laboral. No me **miento**, pero creo sinceramente que me **enriquezco** en el trabajo, **produzco** lo mejor que **puedo**. A veces me **río** de las dificultades que **encuentro**. Es mejor reírse que ponerse a llorar, ¿no es verdad? No me gusta quejarme todo el tiempo.

No **concibo** una vida laboral sin altos y bajos. Eso no existe. Una vez te **despiden**, otra te aumentan el sueldo, otra te **impiden** realizar un proyecto; en fin, siempre hay cambios, siempre hay dificultades. El trabajo nos **enriquece**, **favorece** nuestra integración en la sociedad; pero para ser sincero, a veces **prefiero** quedarme en casa, no pensar en los problemas laborales. **Quiero** añadir que si en ciertas ocasiones nos aburrimos, la verdad es que a veces también **conseguimos** eso que todos buscamos: aprobación, halagos, éxitos.

Yo **reconozco** que la vida laboral está llena de dificultades, pero me parece que la vida en general está llena de dificultades. **Prefiero** trabajar a estar en el paro. Cuando me levanto por las mañanas me da un poco de pereza, ¿a quién no? El despertador **suena** y me **digo**: un día más que **comienza**. **Me visto** y **pido** en voz alta ganar en la lotería, pero eso no va a ser posible. Entonces **repito** mi frase de todos los días: ¡ánimo Jorge que peores cosas ocurren en la vida! Y voy a trabajar. Al final del día **me siento** satisfecho y por lo general **vuelvo** a casa tranquilo.

Yo **pienso** que el trabajo es la fuente de muchas satisfacciones. Hay que hacer una diferencia entre las dificultades que **provienen** del trabajo y el trabajo como un valor en la vida. **Reconozco** que no siempre **conseguimos** lo que **queremos**. Es obvio, tanto en la vida como en el trabajo hay buenos y malos momentos, pero **pertenezco** a una generación a la cual nos ha tocado hacer muchos sacrificios y por lo tanto **agradezco** lo que me ha dado la vida laboral.

**2** Escribe el infinitivo de los verbos en negritas según estas tres categorías.

| Verbos que diptongan (e > ie / o > ue) | Cambio vocálico (e > i) | Verbos irregulares en la 1ª persona |
|---|---|---|
|  |  |  |

**3** ¿Quieres descubrir una cualidad propia del mundo laboral? Con la ayuda del cuadro, conjuga los verbos en las personas indicadas del presente de indicativo.

1. elegir (Vd.)
2. debatir (ellos)
3. despedir (tú)
4. servir (yo)
5. corregir (él)
6. definir (Vds.)
7. seguir (nosotros)
8. consumir (yo)
9. vestir (ella)
10. concebir (vosotros)
11. conseguir (él)
12. compartir (tú)
13. lucir (ellos)
14. decir (Vd.)
15. impedir (ellas)
16. abrir (yo)
17. medir (nosotras)

**COMPETIR**

compito
compites
compite
competimos
competís
compiten

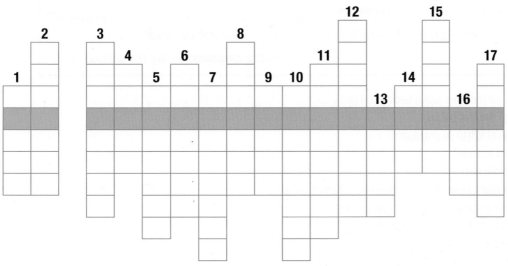

**4** ¿Qué están haciendo? Identifica las imágenes y completa las frases con el verbo en la forma continua.

| ofrecer | tomar | recibir |
|---------|-------|---------|
| aplaudir | salir | conducir |

1. Teresita _____ caramelos.
2. Ellas _____ un café.
3. Carmen _____ a un cliente.
4. Juan _____ el coche.
5. El público _____.
6. Ellos _____ de la oficina.

**5** Completa estas frases con los pronombres personales *lo, la, los, las.*

1. La empresa está preparando una nueva bebida con gas y _____ va a distribuir por toda Europa.
2. Estas sillas son muy cómodas pero no _____ estoy recomendando porque son muy caras.
3. Estamos modificando el folleto de propaganda y _____ vamos a enviar esta semana a nuestros clientes.
4. Elvira, ¿tiene usted mi agenda? _____ estoy buscando por todas partes.
5. Estos contratos no están bien, no _____ podemos aceptar.
6. Pensamos lanzar un nuevo producto pero todavía no sabemos cómo _____ vamos a llamar.
7. Han concebido un chicle que puede sustituir las comidas y _____ quiero probar.
8. Estos coches son muy baratos pero creo que no _____ están vendiendo en España.
9. ¿Has visto mis nuevas gafas de sol? _____ están promocionando con un nuevo eslogan muy atractivo.
10. La fórmula del producto es absolutamente secreta, no _____ pueden copiar otras empresas.

**6** Con la ayuda del recuadro, transforma las frases del ejercicio anterior colocando el pronombre personal detrás del infinitivo o del gerundio.

---

### PRONOMBRES PERSONALES

*Este libro, ¿por qué **lo** compras? **Lo** compro porque me gusta.*

➜ El pronombre personal se coloca **delante del verbo**.

*Me gusta este libro, **lo** voy a comprar o voy a **comprarlo**.*

*Como me gusta este libro, **lo** estoy comprando o estoy **comprándolo**.*

➜ Cuando el **infinitivo** o el **gerundio** van con un verbo, el pronombre personal se coloca **delante del verbo** o **detrás del infinitivo o del gerundio** formando una sola palabra.

**¡Cuidado!** Cuando el pronombre va unido al gerundio, el acento gráfico indica la sílaba tónica:

*lo estoy com**pran**do ≠ estoy com**prán**dolo*

---

1. La empresa está preparando una nueva bebida con gas y ...
2. Estas sillas son muy cómodas pero no ...
3. Estamos modificando el folleto de propaganda y ...
4. Elvira, ¿tiene usted mi agenda? ...
5. Estos contratos no están bien, no ...
6. Pensamos lanzar un nuevo producto pero todavía no sabemos cómo ...
7. Han concebido un chicle que puede sustituir las comidas y ...
8. Estos coches son muy baratos pero creo que no ...
9. ¿Has visto mis nuevas gafas de sol? ...
10. La fórmula del producto es absolutamente secreta, no ...

# b Remuneración e impuestos

**1** **1. Lee este texto.**

> Más de cuatro meses trabajando para Hacienda. Esta frase se vuelve bastante real si calculamos los días de salario íntegro que dedicamos a pagar nuestras obligaciones con el fisco (IRPF* y Seguridad Social). Los españoles lo hacemos hasta el 12 de mayo, es decir durante 132 días. Y no somos de los que más pagamos. Por ejemplo, los suecos lo hacen durante 54 días más. En el otro extremo, los irlandeses sólo dedican 100 días a pagar impuestos.
>
> * Impuesto sobre la Renta de las Personas Físicas
>
> Tomado de Emprendedores

**2** **Todos no somos iguales. Escucha y completa el cuadro apuntando el día en que un asalariado deja de dedicar su sueldo a pagar impuestos.**

PISTA **23**

### LA COMPARACIÓN

Superioridad: **más… que**

Inferioridad: **menos… que**

*Los belgas pagan **más** impuestos **que** los españoles y **menos que** los italianos.*

Igualdad: **tan** + adjetivo + **como**
   **tanto/a/os/as** + nombre + **como**
   verbo + **tanto como**

*Los españoles pagan **tantos** impuestos **como** los griegos.*

*Los impuestos son **tan** altos en España **como** en Grecia.*

*En Grecia los impuestos representar **tanto como** en España.*

| | | | |
|---|---|---|---|
| Irlanda | | República Checa | |
| Suiza | | Media UE | |
| Polonia | | Luxemburgo | |
| Eslovaquia | | Austria | |
| Portugal | | Bélgica | |
| Reino Unido | | Italia | |
| España | 12 de mayo | Francia | |
| Grecia | | Finlandia | |
| Alemania | | Dinamarca | |
| Países Bajos | | Suecia | |

Fuente: OCDE

**3** **Observa el mapa de Europa y compara lo que pagan los asalariados de los diferentes países.**

- ■ Países que pagan la media Europea
- ■ Países que pagan menos
- ■ Países que pagan más

# ANALICEMOS Y PRACTIQUEMOS

**Hoy en dí@**

**1** **Leamos este diálogo.**

Pedro: Hoy ha sido un día de locos.

Orlando: Lo imagino, pero yo prefiero trabajar bastante a no hacer nada.

Pedro: ¿Te imaginas una vida ganando dinero sin hacer nada?

Orlando: Claro, y me parece muy aburrido. ¿Qué sentido puede tener la vida sin una actividad profesional?

Pedro: Mira, la mayor parte de nuestro tiempo la pasamos en el trabajo y nos queda muy poco tiempo para nosotros, para nuestra familia, para los placeres de la vida.

Orlando: ¿Crees que necesitamos una mejor distribución del tiempo de trabajo?

Pedro: Claro, como los franceses. Según la ley francesa, la semana de trabajo tiene una duración de 35 horas, ¡te imaginas todo lo que te queda como tiempo libre!

Orlando: Pero han tenido que modificarla y en ciertas empresas están transformándola.

Pedro: Bueno, pero muchos trabajan 35 horas, esto aumenta el tiempo para el ocio, para los niños, para el deporte. Aquí, en el Perú,* trabajamos 48 horas semanales y si tenemos responsabilidades en la empresa el tiempo de trabajo no se cuenta. A mí me parece que lo mejor es trabajar 40 horas. Es la jornada habitual en una mayoría de países, 8 horas diarias. ¿Qué te parece?

Orlando: Estoy de acuerdo, sin embargo la situación en el Perú no es la misma que en Francia o en los países desarrollados. Aquí se trabaja poco y si queremos progresar tenemos que trabajar más que ellos. Solamente así vamos a progresar.

Pedro: No estoy de acuerdo, en el Perú se trabaja mucho. No se trata de trabajar más o menos que ellos. Si queremos progresar, tenemos que trabajar mejor que ellos. ¿Es tan eficiente un hombre cansado como un hombre descansado? No, ¿verdad?

Orlando: Es muy difícil conseguir la eficiencia en una empresa peruana, cuesta tanto como conseguir una clasificación de nuestro equipo nacional en el mundial de fútbol.

Pedro: No es cierto. Tanto tú como yo sabemos que en el Perú existen empresas con una excelente rentabilidad y una plantilla muy eficiente que trabaja tan bien como en los países desarrollados. No hay que generalizar. El desempeño de los empleados depende de muchos factores.

Orlando: ¿De qué estás hablando?

Pedro: Estoy tratando de explicar que hay que superar tantas dificultades aquí como en los otros países. El éxito de una empresa depende de muchas cosas: de los conocimientos, de la eficiencia, de la gestión, de los valores y no siempre de la realidad del país.

Orlando: Lo sé. Pero creo que las dificultades son mayores aquí que en los países desarrollados. Con una economía sana el éxito es más fácil que con una economía inestable, como es el caso del Perú.

\* En América Latina se suele emplear el artículo delante de los nombres de países: el Perú, el Ecuador, la Argentina, etc.

## 2 ¿Quién lo dice?

| | Orlando | Pedro |
|---|:---:|:---:|
| 1. Necesitamos más tiempo libre. | ☐ | ☐ |
| 2. El trabajo es importante en la vida. | ☐ | ☐ |
| 3. Es necesaria una mejor distribución del tiempo de trabajo. | ☐ | ☐ |
| 4. Los franceses han debido modificar la ley de las 35 horas laborales. | ☐ | ☐ |
| 5. En el Perú se trabaja más de 40 horas por semana. | ☐ | ☐ |
| 6. Una persona cansada no trabaja igual que una persona descansada. | ☐ | ☐ |
| 7. La situación en Francia no es comparable con la del Perú. | ☐ | ☐ |
| 8. En el Perú las empresas son muy ineficientes. | ☐ | ☐ |
| 9. La eficiencia de los empleados depende de muchos factores. | ☐ | ☐ |
| 10. La economía de un país afecta a las empresas. | ☐ | ☐ |

## 3 Relaciona las palabras con sus definiciones.

| | |
|---|---|
| 1. Desempeño | ☐ a. Resultado favorable de una empresa. |
| 2. Paro | ☐ b. Cualidad de rentable. |
| 3. Jornada | ☐ c. Aptitud para realizar diferentes funciones con actividad y eficacia. |
| 4. Rentabilidad | ☐ d. Situación de la persona que no tiene trabajo. |
| 5. Éxito | ☐ e. Tiempo de duración del trabajo diario. |

## 4 ¿Y en tu opinión?

| | Sí | No | Depende |
|---|:---:|:---:|:---:|
| 1. Se debe distribuir la jornada laboral de otra manera. | ☐ | ☐ | ☐ |
| 2. Ganar dinero sin trabajar es ideal en la vida moderna. | ☐ | ☐ | ☐ |
| 3. Le dedico más tiempo a mi familia y a mis ocios que al trabajo. | ☐ | ☐ | ☐ |
| 4. Estoy dispuesto/a a trabajar más para tener más comodidades. | ☐ | ☐ | ☐ |
| 5. La eficiencia está relacionada con el número de horas de trabajo. | ☐ | ☐ | ☐ |
| 6. El éxito de una empresa depende del desempeño de sus empleados. | ☐ | ☐ | ☐ |
| 7. La situación económica del país afecta a la rentabilidad de sus empresas. | ☐ | ☐ | ☐ |

## 5 Compara tus respuestas con las de tus compañeros.

## 6 Escucha la grabación y di quién dice las siguientes afirmaciones.

PISTA 24

| | María Calvo | Manuel González |
|---|:---:|:---:|
| 1. Sus colaboradores trabajan para él desde hace mucho. | ☐ | ☐ |
| 2. Sabe delegar responsabilidades. | ☐ | ☐ |
| 3. Cada empleado tiene una misión en la empresa. | ☐ | ☐ |
| 4. Todo depende del equipo con el que se trabaja. | ☐ | ☐ |
| 5. Ha dado participaciones de la empresa a sus empleados. | ☐ | ☐ |
| 6. Para dirigir una empresa no hay que ser autoritario. | ☐ | ☐ |

# b La jornada laboral

**1** En Chile la jornada laboral es de 45 horas, en Perú es de 48, en España es de 40, ¿y en tu país?

**2** La legislación. Lee el texto y conjuga los verbos entre paréntesis en presente de indicativo.

Afortunadamente ya no se trabaja de sol a sol. Y aunque la mayoría de los seres humanos (soler) [1] _____ lanzar maldiciones a su despertador, nadie (querer) [2] _____ volver a la interminable jornada de antaño.

Los horarios abusivos del pasado ya (formar) [3] _____ parte de la historia, y hoy la ley (garantizar) [4] _____ al trabajador un máximo en su jornada laboral (40 horas semanales en España), un límite del tiempo de trabajo diario (ocho horas) y unas vacaciones anuales retribuidas (30 días).

La legislación laboral (plantear) [5] _____ otros topes, como el descanso mínimo de 12 horas entre jornadas y un día y medio por semana, o la pausa no inferior a 15 minutos. Sin embargo, y eso también (ocurrir) [6] _____ con el salario, el tiempo de trabajo vigente en cada empresa (depender) [7] _____ de cada convenio colectivo y del acuerdo que (establecer) [8] _____ el empresario con sus empleados.

Del total de los convenios actualmente pactados, (deducirse) [9] _____ una jornada media de 1.770,9 horas al año (alrededor de ocho horas diarias). Pero ni la jornada (ser) [10] _____ idéntica en todas las empresas ni los trabajadores (prestar) [11] _____ sus servicios en los mismos horarios. Es decir, la jornada (poder) [12] _____ ampliarse o reducirse según las características especiales de cada sector o profesión. Por ejemplo, el portero de un inmueble, el conductor de un camión o el empleado en un centro comercial (soler) [13] _____ tener menos descansos semanales o (trabajar) [14] _____ más de nueve horas al día. Por el contrario, un minero o un trabajador expuesto a riesgos laborales (tener) [15] _____ derecho a una reducción de su jornada.

Adaptado de elmundo.es

**3** Relaciona las dos columnas.

1. afortunadamente
2. trabajar de sol a sol
3. lanzar maldiciones a su despertador
4. antaño
5. los horarios abusivos forman parte de la historia
6. las vacaciones retribuidas
7. alrededor de 8 horas diarias
8. los riesgos laborales

☐ en tiempos pasados
☐ aproximadamente 8 horas diarias
☐ es una costumbre del pasado
☐ las condiciones peligrosas de trabajo
☐ estar en el trabajo todo el día
☐ por suerte
☐ las vacaciones pagadas
☐ quejarse de la hora al levantarse

---

### SIMULTANEIDAD

**al + infinitivo = cuando + verbo**

*Al llegar a la oficina, saludo a mi secretaria.*
*Cuando llego a la oficina, saludo a mi secretaria.*

---

## 4 Responde si es verdadero o falso.

|  | V | F |
|---|---|---|
| 1. La ley garantiza la carga laboral de los empleados españoles. | ☐ | ☐ |
| 2. Las empresas deciden unilateralmente el tiempo de trabajo. | ☐ | ☐ |
| 3. La jornada es fija para todos los empleados en todos los sectores. | ☐ | ☐ |
| 4. Se debe descansar un mínimo de horas entre una jornada y otra. | ☐ | ☐ |
| 5. Ciertos trabajadores tienen jornadas reducidas. | ☐ | ☐ |

## 5 Los períodos de descanso. Escucha la grabación y responde a las preguntas.

PISTA 25

1. En España, ¿cuántos días al año duran las vacaciones pagadas?
2. ¿Es obligatorio este tiempo de descanso?
3. ¿Cuáles son las obligaciones del empresario?
4. ¿A cuántos días festivos al año tienen derecho los españoles?
5. ¿Debe el trabajador recuperar los días festivos?
6. ¿Cuál es la duración mínima del descanso semanal?

## 6 Un ejecutivo muy atareado. Lee el texto.

Gonzalo Usandizaga tiene 32 años y dirige desde Madrid las actividades en Europa, Oriente Medio y África de la estadounidense **Vignette**, una empresa especializada en software de gestión de intranets y de portales de Internet. También convierte documentos en archivos digitales y crea entornos de trabajo para acceder y modificar una misma información desde sitios geográficos dispersos. Los ayuntamientos de Madrid y Barcelona, Caja Madrid, El Corte Inglés o Caixa Galicia están entre sus clientes. Gonzalo Usandizaga ha logrado lanzar la marca **Vignette** en España, haciéndola pasar de 2 a 40 empleados. Y ahora factura el 42% de las ventas mundiales del grupo, que ascienden a 147 millones de euros al año.

## 7 El trabajo y el ocio. *Actualidad Económica* ha entrevistado a Gonzalo Usandizaga. Escucha la entrevista y responde a las preguntas (puede haber varias respuestas).

PISTA 26

1. Cree que los directivos deben
   ☐ trabajar más          ☐ buscar tiempo libre          ☐ tener pasatiempos

2. Se dedica al trabajo
   ☐ pocas horas          ☐ muchas horas          ☐ solamente de martes a jueves

3. Se entrena
   ☐ los lunes          ☐ los viernes          ☐ los domingos

4. Gonzalo Usandizaga juega al
   ☐ golf          ☐ fútbol          ☐ tenis          ☐ baloncesto

## 8 Y tú, ¿qué haces para relajarte?

☐ voy al cine          ☐ formo parte de un grupo de teatro          ☐ leo novelas
☐ me ocupo de la casa          ☐ salgo de fiesta con mis amigos          ☐ canto en un coro          ☐ otros

## 9 Compara tus gustos con los de tus compañeros.

# CREEMOS Y NEGOCIEMOS

## Una nueva tecnología para tu empresa

Trabajas en una empresa de importación y exportación. Actualmente disponen en la sede de una conexión Internet clásica, es decir a través del cable. El director general considera que ya es hora de instalar una conexión inalámbrica con una tecnología Wi-Fi, pero no está totalmente convencido de los beneficios que les puede traer una conexión de esta naturaleza. Te ha pedido buscar con tu equipo informaciones sobre el tema y además encontrar el mejor proveedor.

**1** **Lee este texto para hacerte una idea del uso de esta tecnología.**

### ¡Adiós a los horarios! Ahora, la oficina te acompaña.

Los hábitos de los ejecutivos cambian. Ya no es imprescindible estar siempre en la oficina. La tecnología Wi-Fi (*Wireless Fidelity* o más conocida como *Internet sin cables*) permite comunicarse y planificar el trabajo en todas partes.

"Estoy permanentemente viajando, prácticamente vivo en el avión", comenta Luis Córdova entre risas cuando le preguntamos por su lugar de residencia. Y es que este empresario, con sólo 33 años, es fundador y director general en España de **Ameurop**, una compañía mexicana que se dedica a la importación y exportación de productos textiles, electrónica de consumo y alimentación en todo el mundo. Luis trabaja con la tecnología Wi-Fi desde hace 6 años y considera que ésta permite optimizar las gestiones y los costes de la empresa. "No podemos limitarnos a la oficina. El hecho de viajar y poder trabajar con Wi-Fi en hoteles, aeropuertos o restaurantes, nos permite ahorrar mucho dinero y, además, facilita la relación con nuestros clientes. Ahora, todos nuestros archivos están digitalizados, podemos recibir documentos en todas partes en el mundo sin necesidad de estar al lado de un fax y podemos tener reuniones por vídeo conferencia".

### ¿Qué es una red Wi-Fi?

Una red Wi-Fi es una red informática en la que los diferentes dispositivos no se encuentran conectados por cables, sino que se comunican por ondas de radio. El *boom* de esta tecnología se explica por la facilidad de conectar los equipos portátiles en todo el mundo –siempre en un lugar con este acceso–, compartir informaciones entre los ordenadores o acceder a Internet, entre otras múltiples ventajas.

Un mundo de posibilidades que responde a las necesidades de los ejecutivos de hoy día de trabajar en todo momento y en todas partes.

### Facilidad de movimiento

Cuando este empresario viaja a México, a la sede de la empresa, está allí un mes o mes y medio. Y si va a ver a clientes de otros países (en Estados Unidos, Arabia Saudí, Francia, Italia, Chile), permanece fuera de su casa dos o tres días. "Hemos hecho la mejor inversión de nuestra vida ya que, cada vez más, el sector empresarial de todo el mundo demanda una mayor movilidad y una mayor facilidad de comunicación".

Adaptado de *Actualidad Económica*

**2** **¿A qué palabras subrayadas en el texto corresponden los siguientes sinónimos? Si es necesario, ayúdate con el diccionario.**

| | |
|---|---|
| las computadoras _____ | la conexión _____ |
| el ejecutivo _____ | las exigencias _____ |
| la casa matriz _____ | las costumbres _____ |
| el sitio _____ | los gastos _____ |
| los datos _____ | los beneficios _____ |

**3** **Responde por escrito a las siguientes preguntas.**

¿Qué ventajas tiene el uso de la tecnología Wi-Fi para las empresas?

_____

_____

Resume con tus propias palabras la experiencia de este ejecutivo con el uso de la tecnología Wi-Fi.

_____

_____

**4** **El mejor proveedor.**

Para buscar el mejor proveedor, la clase se divide en dos grupos. Cada equipo va a informarse en los siguientes sitios: **http://www.te-lefonicaonline.com** y **http://www.kubiwireless.com.** Luego, cada uno de ellos presenta el resultado de su investigación. Finalmente, la clase elige la mejor propuesta. ¡Manos a la obra!

# CADA DÍ@ MÁS

## Conozcamos Hispanoamérica

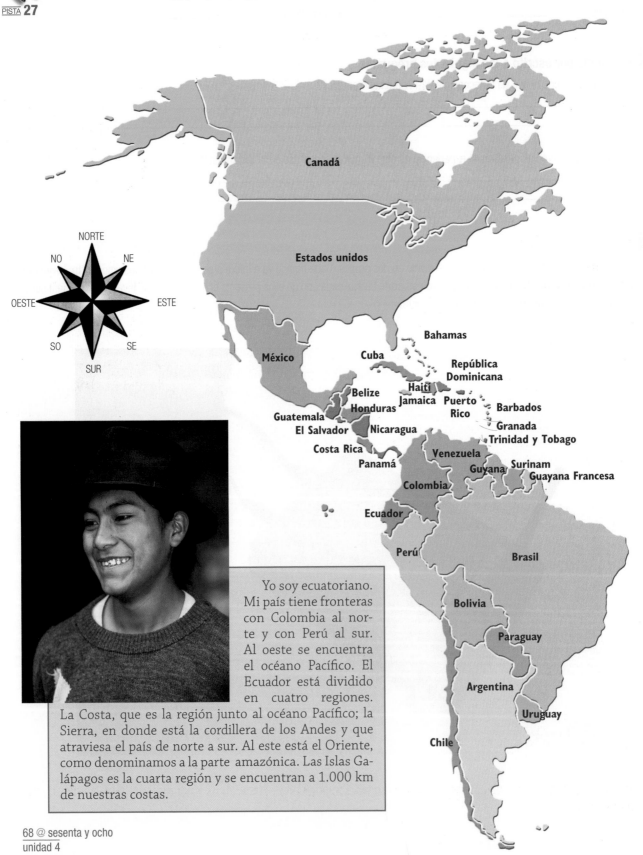

**1** Hispanoamérica comprende 19 países ubicados en el norte, sur y centro de América, además de aquellos localizados en el Caribe. Escucha la grabación y escribe la extensión de los países mencionados.

PISTA **27**

Yo soy ecuatoriano. Mi país tiene fronteras con Colombia al norte y con Perú al sur. Al oeste se encuentra el océano Pacífico. El Ecuador está dividido en cuatro regiones. La Costa, que es la región junto al océano Pacífico; la Sierra, en donde está la cordillera de los Andes y que atraviesa el país de norte a sur. Al este está el Oriente, como denominamos a la parte amazónica. Las Islas Galápagos es la cuarta región y se encuentran a 1.000 km de nuestras costas.

**2** Ecuador tiene una parte amazónica. ¿Conoces otros países de América del Sur que tienen una región amazónica? Señálalos en el mapa.

**3** ¿Qué país de América Latina has visitado o quieres visitar? Sin decir su nombre, describe su situación geográfica y tus compañeros lo ubican en el mapa.

**4** ¿En cuáles de los países que figuran en el mapa no se habla español?

**5** Aunque el español es la lengua oficial de todos los países de Hispanoamérica, existen otras lenguas nativas. Lee el texto del recuadro.

### Las lenguas aborígenes

Las lenguas aborígenes de Hispanoamérica proceden de los pueblos precolombinos.

En Hispanoamérica se han hablado cientos de lenguas y dialectos aborígenes. Muchas ya han desaparecido por los avatares de las conquistas y colonizaciones; otras han sobrevivido y están, en la actualidad, plenamente vigentes, como, por ejemplo, el náhuatl o azteca, el quiché, el quechua, el aymara, el guaraní y el mapuche.

La población aborigen de Hispanoamérica es de 30 millones según cálculos aproximados. En Guatemala y Bolivia supera el 50% de la población total. México, Ecuador y Perú cuentan con grupos importantes; en cambio, en Panamá, Venezuela y Colombia los grupos son más pequeños. En Chile los mapuches son alrededor de medio millón. En Paraguay predomina la población mestiza y los aborígenes son, comparativamente, pocos. El único país donde no hay indígenas es Uruguay.

En relación al número de lenguas habladas en cada país, hay variación. Entre los países más multilingües figuran México (alrededor de 50 lenguas), Guatemala (21 lenguas), Colombia (aproximadamente 70 lenguas), Perú (66 lenguas) y Bolivia (35 lenguas).

Adaptado de *Enciclopedia Encarta*

**6**  Escucha la grabación y rellena el cuadro.

PISTA **28**

|  | quechua | aymara |
| --- | --- | --- |
| Número de personas que lo hablan |  |  |
| Países donde se habla |  |  |

**7** Busca en Internet informaciones sobre las lenguas aborígenes y presenta el resultado de tus investigaciones a la clase.

## FORMA CONTINUA

Observa estas frases del diálogo:

*Pero, ¿de que **estás hablando**?*

***Estoy tratando** de explicar…*

| Verbo estar | + | gerundio | | |
|---|---|---|---|---|
| | | hablar | comer | vivir |
| estoy | | | | |
| estás | | | | |
| está | | hablando | comiendo | viviendo |
| estamos | | | | |
| estáis | | | | |
| están | | | | |

## PRONOMBRES PERSONALES

Observa estas frases del diálogo:

*La mayor parte de nuestro tiempo **la** pasamos en el trabajo.*

*Pero han tenido que modificar**la** y en ciertas empresas están transformándo**la**.*

| Complemento directo | Forma enclítica |
|---|---|
| lo    la<br>los    las<br><br>El pronombre se coloca **delante del verbo**: | **Infinitivo:** *han tenido que modificar**la**.*<br><br>**Gerundio:** *están transformándo**la**.*<br><br>El pronombre se coloca **detrás del infinitivo o del gerundio** formando una sola palabra: |
| *¿Compras el libro? Sí, **lo** compro.*<br><br>*¿Compras estas revistas? Sí, **las** compro.* | *Este trabajo, ¿hacer**lo** o no hacer**lo**?*<br><br>*¿El español? Estoy estudiándo**lo**.* |

## LA COMPARACIÓN

Observa estas frases del diálogo:

| | Superioridad e inferioridad: |
|---|---|
| *No se trata de trabajar **más** o **menos que** ellos…*<br><br>*Con una economía sana el éxito es **más** fácil **que** con una economía inestable.* | **más… que** y **menos… que** en todos los casos |
| | **Igualdad** |
| *¿Es **tan** eficiente un hombre cansado **como** un hombre descansado?*<br><br>*Trabajan **tan** bien **como** en los países desarrollados.* | **tan** + adjetivo / adverbio + **como** |
| *Hay que superar **tantas** dificultades aquí **como** en los otros países.* | **tanto/a/os/as** + nombre + **como** |
| *Tanto tú **como** yo sabemos que…* | **tanto** + pronombre + **como** |
| *Cuesta **tanto como** conseguir una clasificación en el mundial de fútbol.* | verbo + **tanto como** |
| | **Comparativos irregulares** |
| *Para progresar tenemos que trabajar **mejor que** ellos.*<br><br>*Yo creo que las dificultades son **mayores** aquí **que** en los países desarrollados.* | más bueno    mejor / mejores + que<br>más malo    peor / peores + que<br>más grande    mayor / mayores + que<br>más pequeño    menor / menores + que |

## PRESENTE DE INDICATIVO: VERBOS EN -IR

| sentir | pedir |
|--------|-------|
| e>ie | e>i |
| siento | pido |
| sientes | pides |
| siente | pide |
| sentimos | pedimos |
| sentís | pedís |
| sienten | piden |

**Observaciones:**

1°/ Los verbos como **sentir** diptongan.

2°/ Los verbos como **pedir** tienen un cambio vocálico en las vocales **acentuadas** del radical. Las primeras y segundas personas del plural no son afectadas por esta irregularidad.

### VERBOS PARTICULARES

| venir | decir | oír |
|-------|-------|-----|
| vengo | digo | oigo |
| vienes | dices | oyes |
| viene | dice | oye |
| venimos | decimos | oímos |
| venís | decís | oís |
| vienen | dicen | oyen |

Estoy comiendo en casa de Juan

## ¡CUIDADO!

Observa estas frases del diálogo:

Solamente así **vamos a progresar**.

No **hay que** generalizar.
**Hay que** superar…

Aquí **se trabaja** poco.
En el Perú **se trabaja** mucho.

Pero **han tenido** que modificarla y en ciertas empresas **están** transformándola.

**Lo** imagino.
**Lo** sé.

Para expresar futuro:
**presente del verbo ir + a + infinitivo**

Para expresar la obligación impersonal:
**hay + que + infinitivo**

Para expresar la impersonalidad:
**se + verbo en 3ª persona o
verbo en 3ª persona del plural**

El pronombre personal **neutro lo** se refiere a acciones o conceptos que sustituye.

## PRESENTE DE INDICATIVO: IRREGULARIDADES

| Verbos con irregularidad en la 1ª persona del singular: | | Verbos terminados en -acer, -ecer, -ocer, -ucir: c > zc en la 1ª persona del singular: |
|---|---|---|
| caer > caigo | dar > doy | parecer > parezco |
| hacer > hago | estar > estoy | ofrecer > ofrezco |
| poner > pongo | caber > quepo | conocer > conozco |
| salir > salgo | saber > sé | conducir > conduzco |
| tener > tengo | ver > veo | |
| traer > traigo | | |
| valer > valgo | | |
| así como los verbos derivados: **proponer > propongo** | | |

# Promocionando la empresa

## SENTEMOS BASES

### a La actividad publicitaria

**1** Medios y soportes para anunciarse. Lee el siguiente artículo.

Generalmente, las grandes empresas utilizan varios medios publicitarios en sus campañas: la televisión, el medio más utilizado, y también la prensa, la radio o la publicidad exterior.

La publicidad exterior salta a la vista sin previo aviso. Esta es la clave de su eficacia. Después de la televisión, es el medio que más imagen de marca consigue. Para utilizar al máximo este tipo de publicidad, es recomendable adecuar los soportes al público objetivo y al mensaje de la campaña. Las vallas y marquesinas están más indicadas para *targets* urbanos y clases medias; los autobuses son el soporte escogido para las promociones de productos, fundamentalmente viajes y estrenos de películas.

También es necesario segmentar al público en función de su ubicación: los carteles publicitarios en aeropuertos van dirigidos a un público profesional; en el metro tiene mayor penetración entre las clases más populares. En este caso, la publicidad situada en los andenes tiene más impacto que la situada en zonas de paso.

Por último, es preciso señalar la publicidad en Internet y una nueva fórmula innovadora, el SMS. Barato, rápido, sencillo, impactante y muy personalizable; estas cinco características de los mensajes SMS convierten al móvil en un complemento ideal en las campañas de márketing.

Adaptado de *Emprendedores*

## 2 Relaciona las palabras con su definición.

el andén          el cartel          el estreno          la marquesina          el móvil
la prensa          la valla          la campaña          el impacto

_____     a. Anuncio destinado a ser fijado en los lugares públicos.

_____     b. Período y conjunto de actividades destinadas a promover un producto o una marca.

_____     c. Teléfono portátil incorporado a una red de transmisores de alta frecuencia.

_____     d. Panel destinado a publicidad, que se coloca en calles, plazas o carreteras.

_____     e. Efecto muy intenso dejado en alguien por algo, por ejemplo un anuncio.

_____     f. Cubierta, generalmente formada de cristales, que protege el mobiliario urbano, por ejemplo en las paradas de autobuses.

_____     g. Plataforma a los lados de las vías en las estaciones del ferrocarril, del metro, etc.

_____     h. Conjunto de las publicaciones periódicas.

_____     i. Primera representación de una obra de teatro u otro espectáculo.

## 3 Busca en el texto un equivalente de *target*.

## 4 ¿Cuáles son los medios publicitarios mencionados en el texto?

## 5 ¿Radio o vallas? Lee el siguiente documento tomado del consultorio de la revista *Emprendedores* y complétalo con *muy* o *mucho/a/os/as* (adverbio o adjetivo).

### Pregunta

Tengo un limitado presupuesto de publicidad para uno de nuestros productos (ropa para jóvenes) y quiero hacer una campaña en uno de estos dos medios publicitarios: radio o vallas. He oído hablar [1] _____ de campañas publicitarias realizadas en radio, pero tengo [2] _____ dudas sobre la efectividad del medio. Ambos soportes se ajustan a mi presupuesto, pero sólo puedo utilizar uno de ellos. ¿Es la radio un medio [3] _____ ventajoso? ¿Por qué?

### LA CONTINUACIÓN

*La radio **sigue siendo** un medio publicitario efectivo.*

→ **seguir + gerundio** expresa una acción que dura.

## Respuesta

Un antiguo dicho en economía reza así: "Cuando tienes [4] _____ de algo, su precio baja". Pues bien, este es el caso de la radio. Se trata de un medio [5] _____ barato y con [6] _____ posibilidades de impacto. En la actualidad, el mapa radiofónico español se compone de [7] _____ emisoras y la audiencia diaria supera los 10 millones de personas. Pero las posibilidades de este medio no sólo residen en el [8] _____ alto número de radioyentes, sino también en su perfil: personas leales a su emisora, a su locutor, a un programa de medianoche, al informativo matinal, etc. Esta tendencia del radioyente a elegir una determinada emisora convierte a la radio en un medio [9] _____ cómodo para segmentar el *target*, en este caso, los jóvenes. Además, la radio genera un clima de [10] _____ cercanía con el oyente que lo sitúa en una posición [11] _____ buena para recibir el mensaje publicitario. Desde otra perspectiva, la voz del locutor impregna de [12] _____ emociones el mensaje. Es algo que la palabra escrita o las imágenes, por ellas mismas, reflejan [13] _____ difícilmente. En definitiva, las campañas en la radio son fórmulas que tienen [14] _____ éxito para crear asociaciones positivas en la mente de los consumidores y la publicidad en radio sigue siendo [15] _____ efectiva por el alto grado de segmentación del público, el coste por impacto publicitario y la cercanía al radioyente.

## 6 Sinónimos. Relaciona las dos columnas.

| | |
|---|---|
| 1. la efectividad | ☐ a. la estación de radio |
| 2. ambos | ☐ b. el noticiario |
| 3. ventajoso | ☐ c. cotidiano |
| 4. la emisora | ☐ d. el gasto |
| 5. la audiencia | ☐ e. fiel |
| 6. diario | ☐ f. la cabeza |
| 7. leal | ☐ g. la eficacia |
| 8. el informativo | ☐ h. provechoso |
| 9. la mente | ☐ i. los oyentes |
| 10. el coste | ☐ j. uno y otro |

## 7 Antónimos. Relaciona las dos columnas.

| | |
|---|---|
| 1. limitado | ☐ a. molesto |
| 2. la duda | ☐ b. el fracaso |
| 3. bajar | ☐ c. ser inferior a |
| 4. barato | ☐ d. nocturno |
| 5. superar | ☐ e. aumentar |
| 6. la medianoche | ☐ f. la lejanía |
| 7. matinal | ☐ g. extendido |
| 8. cómodo | ☐ h. caro |
| 9. la cercanía | ☐ i. la certidumbre |
| 10. el éxito | ☐ j. el mediodía |

## 8

PISTA 29

La publicidad televisiva. Escucha, completa el cuadro y coméntalo con tus compañeros.

| Anuncios televisivos | | |
|---|---|---|
| 300 a 400 | + 600 | + 800 |
| | | |

## 9 ¿Te parece inofensiva esta avalancha publicitaria o no? Explica.

# b ¡A comprar un coche!

## 1 Colocar bien la publicidad es toda una empresa. Descubre el pretérito imperfecto.

¡Ay, los viejos buenos tiempos! Cuando sólo **existían** dos cadenas de televisión en España, las amas de casa **controlaban** la economía familiar y la oferta comercial **era** mucho menor, sin duda a una marca le **resultaba** más fácil llegar al cliente. Pero ahora hay cadenas de todo tipo, una gran cantidad de emisoras de radio, nuevos medios como Internet, revistas especializadas en todo tipo de temas... y si una compañía no quiere tirar el dinero debe analizar con mucho tino dónde coloca su publicidad. Ahora existen las agencias de medios, antes llamadas centrales de medios: son una suerte de consultores publicitarios que intentan sacar el máximo partido a la inversión publicitaria de su cliente, el anunciante.

## 2 Observa los verbos en negritas y escribe el infinitivo de cada uno de ellos.

_____  _____     _____     _____

## 3 ¿Cuál de ellos es irregular?

**4** **El ritual para comprar coches se renueva. Conjuga los verbos entre paréntesis en imperfecto.**

Vender coches (soler) [1] _____ ser un asunto relativamente sencillo. Los clientes (ver) [2] _____ un anuncio en un periódico, o (coger) [3] _____ un folleto, (visitar) [4] _____ un par de concesionarios, (decidirse) [5] _____ por el modelo, (regatear) [6] _____ algo el precio y el valor del coche antiguo que (ceder) [7] _____ , (hacer) [8] _____ el pedido y (recoger) [9] _____ el nuevo automóvil. "Esos días han desaparecido para siempre", dice Chuck Sullivan, director de Márketing de Desarrollo de Negocio de Ford, el fabricante estadounidense.

**5** **Completa con el verbo en presente o imperfecto.**

Con tantos clientes que (optar) [1] _____ por informarse sobre su futura venta en Internet, Ford (estar) [2] _____ modificando su presupuesto de márketing. Hace cuatro años, la mayor parte de la publicidad (insertarse) [3] _____ en medios de comunicación tradicionales, como televisión, prensa y vallas. Las modalidades no tradicionales, como Internet, (representar) [4] _____ sólo el 2% del total. Ahora (ser) [5] _____ el 20%.

*Adaptado de Actualidad Económica*

**6** **En tu opinión, ¿cuál es el mejor método para comprar un coche? Coméntalo con tus compañeros.**

## Antes y ahora

**1** **¿Qué hacían antes? Escucha la grabación e identifica las fotografías.**

PISTA **30**

Jorge López

a

Pedro Urbez

b

Juan Nonzioli

c

César García

d

**2** **¿Cuál es su profesión actual?**

**3** **La comunicación de antaño y de hoy. Mira estas fotografías y describe cómo nos comunicábamos antes y cómo lo podemos hacer ahora con los avances modernos.**

**Antes**

**Ahora**

e-mail

**4** **Ahora, tú describes oralmente un producto de antaño sin decir su nombre y tus compañeros lo descubren.**

# ANALICEMOS Y PRACTIQUEMOS

## Hoy en dí@

**1** **Leamos este diálogo.**

| | |
|---|---|
| Alejandra: | Ahora todo es márketing, creo que en cualquier momento vamos a dejar de ser personas para transformarnos en consumidores, blancos de alguna campaña de publicidad, de algún estudio para cualquier empresa. |
| Roberto: | Es cierto que el mundo en el que vivimos está muy ligado al hecho de consumir, pero yo todavía me siento un individuo libre. |
| Alejandra: | Yo no estoy diciendo que somos esclavos, estoy pidiendo un poco más de conciencia. Si te fijas bien, estamos rodeados por un mundo creado por los departamentos de márketing y de publicidad de las grandes multinacionales. |
| Roberto: | Es verdad que los productos que consumimos están presentes en cada momento de nuestra vida cotidiana pero, personalmente, no estoy atado a ellos. |
| Alejandra: | ¿Piensas que sin ellos puedes vivir en esta sociedad? |
| Roberto: | Claro que sí. Para mí, está muy claro. |
| Alejandra: | Yo estoy sintiendo que cada vez más esta sociedad gira alrededor del consumo, la publicidad nos transmite valores que no son nuestros sino suyos, la gente que admiramos son los modelos publicitarios, los ejecutivos de éxito. |
| Roberto: | No estoy de acuerdo contigo. |
| Alejandra: | Antes la gente admiraba a los artistas, a los científicos, incluso a los políticos, ahora esa categoría de personas ya no hace soñar, es mejor ser futbolista o modelo. Es una lástima. |
| Roberto: | O sea que para ti todos debemos ser un Cervantes o un Picasso. Eso no es posible, la sociedad existe gracias a las personas que trabajan, que crean riquezas. |
| Alejandra: | Yo no he dicho eso. Simplemente digo que nuestros valores están vinculados actualmente al éxito económico, al consumo, y no a otros principios. |
| Roberto: | Ya veo, te has vuelto una moralista. Es muy fácil criticar, pero hay muchas personas que no pueden ni siquiera tener esta conversación. ¿Por qué? Porque no tienen qué comer, así de simple. Si en el mundo no se generan riquezas, si no vendemos y compramos, si no intercambiamos productos, si no producimos, si no cultivamos, no podemos subsistir. |
| Alejandra: | Muy bien dicho, pero lo que estoy diciendo es que antes las cosas eran más simples, la gente tenía una relación más estrecha con la naturaleza. Trabajabas, dabas de comer a tu familia, creabas riqueza, como tú dices, pero lo más importante era tu relación con las personas, con tu país. Y te aseguro que no sólo es una opinión mía, a mucha gente le parece lo mismo. |
| Roberto: | Antes, ya que quieres hablar de los tiempos pasados, la gente vivía menos tiempo, había más pobreza, había más desigualdades, la fractura entre ricos y pobres se sentía mucho. |
| Alejandra: | No me vas a decir que ahora todo es color de rosa. |
| Roberto: | No. No sé si las cosas están muy bien o muy mal, pero creo que están mejor. |

## 2 Relaciona las palabras con las definiciones.

1. Márketing — ☐ a. Atracción de la atención pública sobre algo con fines comerciales.

2. Consumidor — ☐ b. Persona a la que se dirigen las acciones publicitarias.

3. Blanco — ☐ c. Conjunto de principios y prácticas que buscan el aumento del comercio, especialmente de la demanda.

4. Publicidad — ☐ d. Persona que compra productos de consumo.

## 3 Encuentra en el diálogo los verbos que corresponden a los siguientes sustantivos.

el consumo _____

el intercambio _____

la crítica _____

el trabajo _____

la transmisión _____

el producto _____

el cultivo _____

la comida _____

la creación _____

la admiración _____

el vendedor _____

el comprador _____

la subsistencia _____

el sueño _____

el vínculo _____

## 4 Di si es verdadero o falso.

| | V | F |
|---|---|---|
| 1. Alejandra cree que debemos consumir mucho más. | ☐ | ☐ |
| 2. Roberto se siente una persona libre. | ☐ | ☐ |
| 3. Según Alejandra, los departamentos de márketing crean modelos de comportamiento. | ☐ | ☐ |
| 4. Roberto cree que puede vivir de otra manera. | ☐ | ☐ |
| 5. Alejandra dice que admiramos a los científicos y a los artistas. | ☐ | ☐ |
| 6. Es gracias a Cervantes y a Picasso que hemos evolucionado. | ☐ | ☐ |
| 7. Para Alejandra, los valores que nos determinan están ligados al dinero. | ☐ | ☐ |
| 8. Hay muchas personas en el mundo que no tienen ni siquiera para comer. | ☐ | ☐ |
| 9. No se necesita producir, cultivar e intercambiar para subsistir. | ☐ | ☐ |
| 10. Antes la gente se preocupaba más por los otros y no por consumir. | ☐ | ☐ |

## 5 ¿Con cuál de estas soluciones estás de acuerdo? ¿Por qué?

**¿Qué se debe hacer para crear riqueza?**

☐ Apoyar la industria nacional.

☐ Explotar el suelo y el subsuelo del país.

☐ Pedir ayuda a los países ricos.

☐ Favorecer los intercambios internacionales.

**¿Qué se debe hacer para lograr el éxito económico?**

☐ Robar un banco.

☐ Tener una buena idea de negocio.

☐ Trabajar mucho.

☐ Casarse con una persona de mucho dinero.

## 6 Y en tu país, ¿antes se vivía mejor que ahora? Coméntalo con tus compañeros de clase.

## b La publicidad controvertida

### 1 La presión social de la publicidad. Lee el texto del recuadro.

La Fundación **Alpe**, que defiende los intereses de los afectados por una variedad de enanismo, ha pedido la retirada de un anuncio de los colchones **Flex** en el que se parafrasea a Blancanieves y los siete enanitos. La presencia en el espot, junto a la protagonista del cuento y su príncipe azul, de siete enanos deja, según esta asociación, "un mensaje subliminal en el que las personas que sufren este problema son enanos fantásticos".

La polémica respecto a este anuncio es sólo un ejemplo más de una cantidad de denuncias que en los últimos meses recibe la publicidad. Esta asociación, como todas las que protestan ante determinados anuncios, tiene sus razones, pero el problema para los creativos publicitarios está en la diferencia de trato. ¿Por qué la sociedad es mucho más exigente con la publicidad que con el cine, la música, la literatura...? Mientras el cine y los programas de televisión mantienen su nivel de insultos, violencia y sexo, la publicidad debe tener cada vez más cuidado en no ofender.

Adaptado de *Actualidad Económica*

### 2 Lee la opinión de estos publicistas.

«Las series y películas se consideran una obra artística y están protegidas por una mística de la creación. Pero los publicistas cargamos con el sambenito* de que respondemos a los intereses de los anunciantes, que cometen el "delito" de pagar por su publicidad. El anunciante que se gasta un dinero en un espacio publicitario lo hace por su legítimo interés comercial, no para solucionar todos los problemas de la sociedad».

*Descrédito que pesa sobre alguien.

Ángel Bañuelos
Presidente de la Asociación Española de Agencias de Publicidad

«La libertad de expresión también incluye el derecho a quejarse, y en España tenemos poca costumbre de ejercer un derecho tan democrático».

Luis Bassat
Presidente del grupo Ogilvy

«Los creativos no hablamos con una voz propia, sino con la del anunciante, así que no tiene mucho sentido hablar de nuestra libertad de expresión».

Miguel García Vizcaíno
Presidente del Club de Creativos

«Estamos cercados por una serie de leyes –europeas, estatales, autonómicas y hasta locales– que coartan la libertad creativa. Las leyes son buenas, pero hasta cierto punto. En España la publicidad está más regulada que las armas de fuego».

Ildefonso García-Serena
Presidente del grupo publicitario Grey

Adaptado de *Actualidad Económica*

### 3 ¿Qué piensas tú?

| | Sí | No | Depende |
|---|---|---|---|
| Hay que controlar los contenidos publicitarios. | ☐ | ☐ | ☐ |
| La libertad de expresión debe ser la misma para publicistas y artistas. | ☐ | ☐ | ☐ |
| No hay que tomarse tan en serio la publicidad. | ☐ | ☐ | ☐ |
| Cada persona debe poder diferenciar una publicidad de la realidad. | ☐ | ☐ | ☐ |

**4** Compara tus respuestas con las de tus compañeros de clase.

**5** Observa estos dos anuncios. Descríbelos y di cuál de ellos te parece más convincente y por qué.

**6** Estáis buscando un creativo para una campaña publicitaria. Acudid al sitio de Internet www.adaspirant.com y mirad los carteles propuestos por jóvenes publicistas. ¿Cuál de ellos elegís para la campaña?

**7** ¿Cuál ha sido la campaña que más te ha gustado? Cuéntaselo a tus compañeros de clase.

# CREEMOS Y NEGOCIEMOS

## El mecenazgo, otra manera de promocionar la empresa

**1** **Un proyecto apoyado por Unión Fenosa. Estudia los siguientes documentos.**

**Becas estudiantiles para niñas y jóvenes de escasos recursos del occidente de Guatemala.**

Descripción del proyecto

Objetivos

1. Promover la educación en el nivel primario durante 3 años a 100 niñas y facilitar el acceso de 180 jóvenes en el nivel secundario, 90 en la modalidad de bachillerato durante 2 años y 90 en la modalidad de formación profesional por 3 años.

2. Promover la inserción laboral y/o universitaria al menos de un mínimo del 30% de los jóvenes graduados.

3. Realización de labores por parte de los jóvenes becados como líderes en su comunidad o en su barrio, con el fin de fortalecer su liderazgo y sensibilizarse con las necesidades de su entorno.

**Monto total:** 286.950 €.

**Beneficiarios:** 100 niñas y 180 jóvenes de escasos recursos económicos del occidente de Guatemala.

**2** **El país en el cual va a desarrollarse el proyecto. Escucha la grabación y rellena el siguiente cuadro.**

PISTA **31**

Población: _____ campo: _____ %

ciudad: _____ %

Puesto ocupado según el PNUD: _____

¿Qué significa PNUD? _____

Características sociales y económicas:

pobreza _____ % extrema pobreza: _____ %

Educación: *tasa de analfabetismo:* _____ %

MÉXICO

Flores .

BELIZE

Puerto Barrios .

Guatemala ⊚

HONDURAS

EL SALVADOR

**3** **Desarrollo del proyecto. Realizad las siguientes actividades.**

1. Becar a 150 niños de bajos recursos económicos y de edades comprendidas entre 3 y 6 años durante todos sus estudios primarios, incluyendo un año de preescolar.

2. Brindarles apoyo integral para evitar el abandono escolar. Se pretende promover de esta manera la participación de la comunidad educativa en beneficio tanto de los niños como de la calidad de la educación que se les imparte.

3. Promover la educación primaria de 100 niñas de escasos recursos económicos y residentes en el área rural.

4. Facilitar el acceso a la educación secundaria de 180 jóvenes, de los cuales 90 van a estudiar el bachillerato y otros 90 van a cursar una formación profesional.

Adaptado de http://www.unionfenosa.es

**4** **Presentad este proyecto de mecenazgo a la clase.**

# Realicemos un proyecto de mecenazgo en América Latina

Las empresas deben utilizar muchos medios para darse a conocer. Aunque todavía se hace publicidad en la televisión, en las revistas o en la radio, actualmente muchas empresas buscan otras formas para llegar a sus consumidores potenciales. Está muy de moda apoyar causas humanitarias o artísticas. Esto le da a la empresa una imagen de responsabilidad social vinculándola a valores altruistas como la paz o la solidaridad. De esta manera, la empresa va a ser percibida como una entidad que se preocupa por su entorno.

## 1 Beneficios para la empresa de un mecenazgo. Completa el recuadro con las palabras que faltan.

| imagen | ofrece | satisfacer | transmite | compartir | relación |
|---|---|---|---|---|---|

El mecenazgo pretende _____ un doble objetivo: uno comercial y otro de imagen.

Nos servimos de él para dar una _____ positiva de la empresa.

Nos _____ una nueva dimensión de la empresa y una _____ diferente con sus públicos.

El mecenazgo _____ la cultura de la empresa y hace _____ su visión del mundo.

Tomado de www.marketing-xxi.com

## 2 El proyecto.

Se divide a la clase en grupos de tres personas. Cada grupo va a representar una empresa multinacional que está instalada o quiere instalarse en un país de América Latina. Para entrar en ese mercado o para desarrollar su imagen ante el consumidor del país, la empresa ha decidido poner en marcha un proyecto de mecenazgo. Hay varias posibilidades: restaurar un monumento histórico, apoyar actividades humanitarias, organizar una exposición, crear un museo, etc.

**a.** Cada grupo debe escoger una empresa y preparar una presentación de ella.

**b.** Después de haber decidido en qué país se va a realizar el proyecto de mecenazgo, se hace una presentación del país, justificando la relación de la empresa con el país escogido.

## 3 Imaginar un proyecto de mecenazgo y presentarlo a la clase analizando los beneficios que la empresa va a sacar: mayor visibilidad, mejora de su imagen de marca, una implantación ética en el país, etc.

### INTERNET

Puedes acudir al sitio Internet del Ministerio de Cultura de España: http://www.mcu.es. En el índice tienes que pulsar en **"Patrimonio Histórico"** y luego en **"Mecenazgo"**. Allí vas a encontrar informaciones sobre el mecenazgo cultural en España.

# CADA DÍA MÁS

## Arte y cultura en América Latina

**1** **Biografías. Léelas y escribe la nacionalidad de cada artista.**

**1**

Jesús Rafael Soto nace en 1923 en Ciudad Bolívar y estudia en la Escuela de Artes Plásticas y Aplicadas de Caracas. Desde 1950 vive en París, donde toma contacto con las vanguardias y estudia a Malevitch y Mondrian. A partir de 1970, realiza algunas obras públicas como los murales del edificio de la UNESCO o el *Volumen virtual* en el Centro Pompidou de París. Y en su país, a donde viaja periódicamente, también ha realizado estructuras cinéticas integradas en la arquitectura, como el *Volumen suspendido* en el Centro Banaven de Caracas.

**3**

Fernando Botero nace en Medellín en 1932 pero su vida ha transcurrido en los más variados lugares. En 1952 viaja a Europa: Barcelona, Madrid, París y, sobre todo, Florencia, donde se matricula en la Academia de San Marco. En 1956 se asienta en la ciudad de México, donde conoce a los grandes muralistas, Orozco, Rivera y Siqueiros, y comienza a definir su característico estilo de formas infladas. Luego, alterna estancias entre su país, Europa y Nueva York. Poco a poco, la escultura empieza a ocupar un lugar cada vez mayor en su trabajo. Entre 1992 y 1998 realiza exposiciones en las grandes avenidas de París, Nueva York, Washington, Madrid...

**2**

Osvaldo Guayasamín nace en Quito en 1919, de padre indio y madre mestiza. En 1932 ingresa en la Escuela de Bellas Artes de Quito y en 1941 obtiene el diploma de pintor y escultor. En 1942 y 1943 permanece en Estados Unidos y en México, donde conoce al maestro Orozco. Después, viaja por diversos países de América Latina, encontrando en todos ellos una sociedad indígena oprimida, temática que aparece siempre en sus obras. Es elegido presidente de la Casa de la Cultura en Quito en 1971. En los años ochenta y noventa, realiza algunas obras públicas como los murales del aeropuerto de Barajas de Madrid, de la entrada de la UNESCO en París, de la sede permanente del Parlamento Latinoamericano en Sao Paulo. También pinta muchos retratos, entre los cuales se encuentran grandes figuras mundiales como el Rey Juan Carlos y Fidel Castro. Muere en 1999.

**4**

En 1902, nace Wilfredo Lam en Sagua la Grande, hijo de un padre chino y una madre mulata. Un curioso personaje, su madrina, curandera y sacerdotisa de la santería, ejerce una poderosa influencia durante su infancia. Comienza sus estudios de arte en la Academia de San Alejandro de La Habana. En 1924, viaja a España para estudiar en la Academia de San Fernando de Madrid. Tras el estallido de la Guerra Civil española, se traslada a París, donde conoce a Picasso y, a través de él, a los surrealistas André Breton y Max Ernst. En 1941 regresa a su país. Durante los años cuarenta, alterna su residencia entre su país, Nueva York y París, donde se instala en 1952. Muere en París en 1982.

**5**

Joaquín Torres nace en Montevideo en 1874. De padre catalán, su vida transcurre a partir de 1891 en Barcelona, a donde la familia ha regresado. Se inicia a la pintura en la Escuela Oficial de Bellas Artes de Barcelona y comienza a realizar algunos trabajos como ilustrador para revistas. Conoce a Picasso, colabora con Gaudí en el templo de la Sagrada Familia y en la reforma de la catedral de Palma de Mallorca. Posteriormente, viaja a Nueva York y luego a Francia, donde fija su residencia en París en 1926. En 1932, se instala en Madrid, donde conoce a Lorca y crea un grupo de arte constructivo. Vuelve a Montevideo en 1934 y funda la 'Asociación de Arte Constructivo'. Muere en Montevideo en 1949.

**6**

José Balmes nace en Montesquieu, Barcelona, en 1927. Al estallar la Guerra Civil española en 1939, su familia se exilia a Francia y luego a Valparaíso. Entre 1944 y 1949 estudia en la Escuela de bellas Artes de la Universidad de Santiago. Cambia de nacionalidad y desde 1950 hasta 1973 es profesor de esta institución, de la que ha sido director (1966-1972) y decano (1972-1973). En 1974, exiliado en Francia, es profesor de pintura en la Universidad de París. En 1986 regresa definitivamente a Santiago, donde es profesor de la Universidad Católica. En 1959 ha creado el Grupo Signo con pintores que se han adherido al informalismo.

**2 Las obras: escucha e identifica el autor de cada pintura.**

□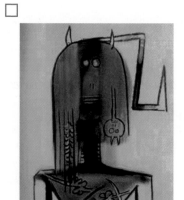

Autor:
Título: *Personaje*, 1973

□

Autor:
Título: *La familia*

□

Autor:
Título: *Composición en rojo y negro*, 1938

□

Autor:
Título: *Madre y niño*, 1989

□

Autor:
Título: *Rojo*

□

Autor:
Título: *Rojo central*, 1980

# EL RINCÓN GRAMATICAL

## PRONOMBRES PERSONALES

Observa estas frases:

**Para mí**, está muy claro.

O sea que **para ti**…

No estoy atado **a ellos**.

¿**Sin ellos** puedes vivir en esta sociedad?

Si **te** fijas bien.

La publicidad **nos** transmite valores.

A mucha gente **le** parece lo mismo.

No **me** vas a decir que ahora todo es color de rosa.

| Pronombres con preposición | Pronombres en función de complemento | |
|---|---|---|
| | directo | indirecto |
| mí | me | |
| ti | te | |
| él – ella – usted | lo        la | le |
| nosotros/as | nos | |
| vosotros/as | os | |
| ellos – ellas – ustedes | los        las | les |

**Observación:** Con la preposición **con** existen formas particulares: **conmigo** y **contigo**:

*No estoy de acuerdo **contigo**.*

**Observación:** las formas **le – les** se usan para expresar el complemento indirecto **sin distinción de género**.

## POSESIVOS

Observa estas frases:

*La publicidad nos transmite valores que no son **nuestros** sino **suyos**.*

*No sólo es una opinión **mía**.*

| Singular | | Plural | |
|---|---|---|---|
| mío/a | nuestro/a | míos/as | nuestros/as |
| tuyo/a | vuestro/a | tuyos/as | vuestros/as |
| suyo/a | suyo/a | suyos/as | suyos/as |

**Observaciones:**

1. Estas formas se colocan detrás del nombre precedido del artículo o de otro determinante: *una opinión **mía** / esta opinión **mía**.*

2. Estas formas, precedidas por el artículo definido, funcionan como pronombres:

*Es tu opinión, **la mía** es diferente.*

## PRETÉRITO IMPERFECTO

### Verbos regulares

| hablar | comer | vivir |
|---|---|---|
| habl**aba** | com**ía** | viv**ía** |
| habl**abas** | com**ías** | viv**ías** |
| habl**aba** | com**ía** | viv**ía** |
| habl**ábamos** | com**íamos** | viv**íamos** |
| habl**abais** | com**íais** | viv**íais** |
| habl**aban** | com**ían** | viv**ían** |

### Verbos irregulares

| ir | ser | ver |
|---|---|---|
| iba | era | veía |
| ibas | eras | veías |
| iba | era | veía |
| íbamos | éramos | veíamos |
| ibais | erais | veías |
| iban | eran | veían |

## ADJETIVOS Y PRONOMBRES INDEFINIDOS

### afirmativos

algo

alguien

algún / alguno/a/os/as

### negativos

nada

nadie

ningún / ninguno/a/os/as

### de cantidad

mucho/a/os/as

poco/a/os/as

---

Observaciones:

1° *alguno* y *ninguno* pierden la **–o** final delante de un nombre masculino singular:

*algún* estudio ≠ *alguna* campaña de publicidad

2° Uso de los indefinidos negativos:
*Nada* es perfecto. / *Nadie* ha venido. / *Ningún* bolígrafo escribe.

o

*No* sé *nada*. / *No* veo a *nadie*. / *No* tengo *ninguna* idea.

---

# ¡CUIDADO!

Observa estas frases del diálogo:

En **cualquier** momento.

Para **cualquier** empresa.

**cualquiera** pierde la **–a** final delante de un nombre **masculino o femenino singular**.

Hay muchas personas que no pueden **ni siquiera** tener esta conversación.

**ni siquiera** intensifica la negación.

No sé si las cosas **están** muy bien o muy mal, pero creo que **están** mejor para mí **está** muy claro.

Uso del verbo **estar** con **bien** (o **mejor**), **mal** (o **peor**), y **claro**.

---

## MUY ≠ MUCHO

Observa estas frases del diálogo:

Hay **muchas** personas que no pueden tener esta conversación.

A **mucha** gente le parece lo mismo.

**mucho** es adjetivo:
**mucho/a/os/as** + nombre

La fractura entre ricos y pobres se sentía **mucho**.

**mucho** es adverbio:
verbo + **mucho**

Es **muy** fácil criticar.

El mundo está **muy** ligado al hecho de consumir.

**muy** + adjetivo o participio pasado

**Muy** bien dicho.

**muy** + adverbio

---

## GERUNDIOS IRREGULARES

Observa estas frases del diálogo:

Yo no estoy **diciendo** que somos esclavos, estoy **pidiendo** un poco más de conciencia.

Yo estoy **sintiendo** que esta sociedad gira alrededor del consumo.

| e > i | o > u | i > y |
|---|---|---|
| **sentir** → sintiendo | **poder** → pudiendo | **construir** → construyendo |
| **venir** → viniendo | **dormir** → durmiendo | **oír** → oyendo |
| **pedir** → pidiendo | **morir** → muriendo | **ir** → yendo |
| **decir** → diciendo | | Así como los verbos terminados en *-eer, -aer, -uir, -oir*: |
| **vestir** → vistiendo | | **leer** → leyendo |
| **ver** → viendo | | **creer** → creyendo |
| Así como los verbos derivados: | | **traer** → trayendo |
| **despedir** → despidiendo | | **distraer** → distrayendo |

# UNIDAD 6

## El comercio hoy en dí@

## SENTEMOS BASES

### a1 El sector alimenticio

**1** ¿Qué hay en nuestro frigorífico? Escucha e identifica los alimentos.

PISTA **33**

**2** La alimentación en cifras. Con la ayuda del cuadro, lee el artículo y contesta a las preguntas.

• Según datos del Ministerio de Agricultura, Pesca y Alimentación, los españoles gastamos al año unos 75.000 millones de euros en alimentación. Casi tres cuartas partes de esa cantidad corresponden al gasto en los hogares.
• Por año, cada español gasta una media de 1.300 euros en la compra de alimentos. Carne, pescado, leche y fruta son los productos a los que destinamos más dinero. Café y huevos, a los que menos.
• La industria alimentaria cuenta con 32.586 empresas, que dan empleo a más de 430.275 personas. Casi el 97% son compañías con menos de 50 empleados.
• La producción del sector asciende a 65.075 millones de euros: un 8,15% del PIB.

Tomado de *Emprendedores*

1. ¿Cuántos euros dedican al año los españoles en alimentación?
2. ¿A qué gasto corresponde la cuarta parte de esta cantidad?
3. ¿Cuáles son los productos más comprados? ¿Y menos comprados?
4. ¿Cuál es la característica de las empresas del sector alimenticio?
5. ¿Qué porcentaje del PIB representa la producción alimentaria?
6. En tu opinión, ¿cuál es la primera industria española?

## 3 Jabugo, sello con sabor de origen. Completa el siguiente texto con las palabras del recuadro.

| | | | | | |
|---|---|---|---|---|---|
| gastronomía | elaboración | sal | bellotas | objetivos | productos |
| jamón | calidad | cerdos | economía | renombre | consumidores |
| sabor | embutidos | peso | mercado | kilo | agua |

Decir [1] _____ es nombrar uno de los [2] _____ típicos de España. Pero si le añadimos el apellido de Jabugo, el término tiene mayor importancia y [3] _____ .

Esta localidad andaluza, situada en pleno Parque Nacional, al norte de la provincia de Huelva, continúa una tradición que se ha convertido en centro de su [4] _____ hace más de un siglo.

En 1985, 11 empresas de [5] _____ de cerdo del Ayuntamiento de Jabugo han unido sus fuerzas creando la Sociedad Origen Jabugo para defender el nombre de sus productos. Sus [6] _____ principales son: informar sobre su producto estrella y garantizar una [7] _____ con denominación de origen.

El jamón de Jabugo es un importante protagonista de la [8] _____ y cultura españolas. Actualmente, estas 11 empresas sacrifican cada año entre 225.000 y 250.000 [9] _____ , cantidad que supone el 70% de toda la producción de cerdos ibéricos de Huelva. Los mayores [10] _____ de este manjar son Madrid, Cataluña, País Vasco, Sevilla y Cádiz; también está presente en un [11] _____ internacional creciente.

**La elaboración.**

Para que las piezas alcancen la máxima calidad, durante los cuatro meses anteriores a su sacrificio, los cerdos son alimentados con [12] _____ hasta que lleguen a los 170 kilos ideales. Es la montanera.

Una vez sacrificado el animal, se aplica una cantidad de [13] _____ proporcional a su [14] _____ para conseguir el color, [15] _____ y aroma característicos de Jabugo. Luego, a una temperatura media de dos o tres grados, se deja la pieza para que absorba la sal durante un día por cada [16] _____ . Pasado este tiempo y una vez lavado con [17] _____ tibia para quitar la sal sobrante, se lleva a los secadores y más tarde a las bodegas de añejamiento, donde continúa el proceso de secado a 14 grados. La [18] _____ dura alrededor de dos años.

Tomado de *Cambio 16*

## 4 Tendencias alimenticias de futuro. Lee el siguiente artículo.

• **El consumo de platos preparados está aumentando**, sobre todo entre jóvenes y adultos independientes y entre parejas jóvenes sin hijos. También se generaliza la compra de platos precocinados con envases aptos para comer frente al televisor. Por otra parte, se dedica cada vez más presupuesto a los zumos y bebidas enriquecidas o *light*.

• **La tienda tradicional se mantiene** como establecimiento más utilizado para la compra de productos frescos. Sin embargo, el tipo de comercio más visitado para adquirir comida tiende a ser el supermercado. Paralelamente, se puede notar que la compra por Internet es cada vez más frecuente.

• **El consumidor del siglo XXI es cambiante** y cada vez menos fiel a determinadas marcas o a comprar en algunos establecimientos. La compra se realiza en cada vez menos tiempo y un día determinado de la semana, preferentemente el viernes o el sábado, sobre todo en las zonas urbanas, cuando toda la familia se desplaza a un centro comercial.

Tomado de *Emprendedores*

**5** ¿Cuáles son los diferentes tipos de venta mencionados en el texto? ¿Cuál prefieres?

_____  _____  _____  _____

**6** Un desayuno típico. Para descubrirlo conjuga los verbos en las personas indicadas del presente de subjuntivo.

1. crear (nosotros)
2. alcanzar (Vd.)
3. actuar (tú)
4. prohibir (ellos)
5. poseer (vosotras)
6. garantizar (yo)
7. lograr (Vds.)

8. utilizar (ella)
9. vender (nosotras)
10. aumentar (él)
11. destinar (tú)
12. realizar (ellas)
13. comprar (yo)
14. consumir (tú)

15. lanzar (ellos)
16. ahorrar (vosotros)
17. llegar (nosotras)
18. fabricar (Vds.)
19. abrir (tú)
20. acoger (yo)
21. gastar (nosotros)

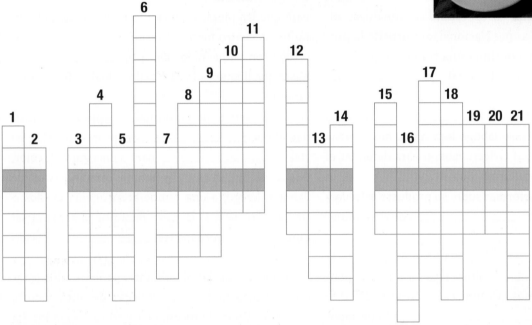

**7** Receta para la cena. Completa conjugando los verbos en imperativo (tú), utilizando la forma enclítica si es necesario.

(Sorprender) [1] _____ a tus amigos invitándolos a comer un plato español muy típico, el gazpacho andaluz. Para empezar, (ofrecer a los invitados) [2] _____ de aperitivo una copa de jerez fino, frío, acompañado con aceitunas. (Comprar) [3] _____ los ingredientes. Para 4 personas:

1 kg de tomates maduros.                 1 pepino.
1 pimiento verde.                        200 gramos de miga de pan remojado en agua.
2 dientes de ajo.                        Sal.
4 cucharadas de aceite de oliva.         1 cucharada de vinagre de vino de Jerez.

**Preparación.**

(Lavar) [4] _____ los tomates y el pimiento y (pelar) [5] _____ el pepino. (Cortar) [6] _____ las verduras en trozos y (echar las verduras) [7] _____ en la batidora. (Añadir) [8] _____ el pan, el ajo, el aceite y el vinagre. Si queda muy espeso, (añadir) [9] _____ un poco de agua. Luego (pasar) [10] _____ todo por el colador y (echar) [11] _____ sal.

Una vez terminado, (meter el gazpacho) [12] _____ en el frigorífico para que esté muy frío. (Preparar) [13] _____ trocitos de tomate, pimiento, pepino, cebolla y huevo duro para servirlo. ¡Buen provecho!

# b Una comida de negocios

**PISTA 34**

**1** ¿Qué palabras corresponden a las definiciones? Escucha e identifícalas.

☐ la copa

☐ el cuchillo

☐ el plato

☐ la servilleta

☐ el mantel

☐ la sal

☐ el tenedor

☐ la pimienta

☐ la cuchara

☐ el comensal

**2** Acuerdos en la mesa. Cinco directivos revelan sus secretos, que te invitamos a conocer.

Un buen número de negocios se desarrolla en la mesa de un restaurante. Pero estas comidas no hay que considerarlas como un *relax* entre horas de trabajo, sino como parte del mismo. Puede estar en juego la posibilidad de un acuerdo, la venta de un producto o un servicio o, en definitiva, un negocio importante.

Alfredo Álvarez, jefe comercial del **Gran Casino** de Madrid, asegura que existen tres clases de comidas. La primera sirve de toma de contacto e inicia el proceso negociador. La segunda permite el mantenimiento de las conversaciones. Y en la última es donde se celebra el cierre del acuerdo.

Para Miquel Flamarich, socio director de **BCF Consultors**, las comidas de negocios son una oportunidad única para adquirir entendimiento y confianza. El encuentro se puede iniciar, por ejemplo, con un aperitivo para romper el hielo. Sirve para favorecer las presentaciones e invita a una toma de contacto beneficiosa.

César Duch, director general de **ESMA**, opina que lo fundamental es conocer la identidad del interlocutor. Si es un extranjero, debemos informarnos de las costumbres y códigos de su país. Hay que conocer su entorno político, social, religioso y económico. Así podemos ganar la primera batalla, la de la comunicación.

La elección de la vestimenta le parece importante a Javier Santamaría, subdirector general de **Trapsa**. Opina que el buen gusto, la elegancia y la naturalidad son fundamentales y que es preferible pecar de clásico que de innovador. Usualmente se prefiere la ropa formal –traje de chaqueta oscuro y corbata para los hombres; traje de falda o pantalón para ellas–.

Por fin, Antonio Anguita, director general de **eresMas**, piensa que la comida debe iniciarse con temas generales para favorecer la toma de contacto. Sin embargo, es aconsejable evitar asuntos delicados como la política o la religión. Además, no hay que olvidar que el restaurante es un lugar público, por lo que hay que tener cuidado con la información que se trata, en especial si las mesas están muy cercanas.

Tomado de *Emprendedores*

**3** Contesta oralmente a las siguientes preguntas.

1. ¿Cuáles son las tres clases de comidas según Alfredo Álvarez?
2. ¿Cómo suele iniciar una comida de negocios Miquel Flamarich?
3. Según César Duch, ¿qué conocimientos debemos tener cuando invitamos a un extranjero?
4. ¿Cómo piensa Javier Santamaría que debemos vestirnos? ¿Qué deben llevar los hombres? ¿Y las mujeres?
5. En opinión de Antonio Anguita, ¿cómo se debe iniciar una comida de negocios y qué se debe evitar?

# ANALICEMOS Y PRACTIQUEMOS

## Hoy en dí@

**1** **Leamos este diálogo.**

| | |
|---|---|
| Leonardo: | Yo pienso que debemos adaptarnos a las nuevas condiciones del mercado, no podemos seguir como antes. Ahora que hemos heredado la empresa de nuestros padres, tenemos que trabajar de otra manera, sobre todo es necesario que modifiquemos el aspecto comercial del negocio. Ellos no tenían una visión muy amplia. |
| Gracia: | Yo no pienso que debamos cambiar la estrategia comercial de la empresa. Creo que por el momento es mejor seguir la línea de nuestros padres, ellos han tenido mucho éxito, ¿verdad? |
| Leonardo: | Mira, antes el cliente venía a nosotros casi con los ojos cerrados, creyendo en nuestro producto, creyendo en los servicios que le ofrecíamos, convencido de que nadie más podía ofrecerle algo mejor. |
| Gracia: | Pero eso sigue siendo igual. |
| Leonardo: | ¿Qué? |
| Gracia: | Nuestro producto sigue siendo de buena calidad, ¿no dice nuestro eslogan: "Excelentísimo desde 1895"? |
| Leonardo: | Lo dice, pero los productos de la competencia son cada vez mejores. Si seguimos así nuestras ventas van a caer y nunca se sabe lo que ocurre cuando la crisis empieza. |
| Gracia: | ¿Quieres que mejoremos el producto? |
| Leonardo: | No, quiero que cambiemos nuestra estrategia comercial y que miremos el mercado internacional, ¿no te parece? |
| Gracia: | Sí, sí, pero tú sabes bien que no tenemos los medios, que nuestro producto está vinculado al país. Además, ¿a quién le va a interesar comprar abanicos en Australia o en Japón? |
| Leonardo: | Quizás no vendamos en Australia, pero en México sí, o en Argentina. Para ellos lo español tiene significado, yo creo que en el mercado hispanoamericano podemos tener muy buenos resultados. |
| Gracia: | Bueno, quizás exista cierta posibilidad de exportar, por la calidad del producto o por ser español, como tú dices, pero entonces es necesario que nos demos los medios para hacerlo. |
| Leonardo: | Eso no es muy difícil hoy en día, abrimos nuestro sitio *web*, nos ponemos en contacto con empresas, y listo. Siempre hay personas interesadas por un proyecto comercial. |
| Gracia: | Escuchándote tengo la impresión de que en el mundo de los negocios todo se reduce al querer. |
| Leonardo: | Pero ya lo dice el refrán, querer es poder, ¿no crees? |
| Gracia: | No creo que las buenas intenciones cambien las reglas comerciales. Los riesgos son elevadísimos, yo no quiero arruinar los esfuerzos de varias generaciones. |
| Leonardo: | Consultémoslo entonces. |
| Gracia: | ¿Con quién? |
| Leonardo: | Pues con los que mejor conocen el producto y el mercado. |
| Gracia: | ¿Quiénes? |
| Leonardo: | Nuestros padres, claro. Ellos tienen muchísima experiencia, ellos pueden guiarnos. |
| Gracia: | No te entiendo, hace un momento pensabas de otra manera. |
| Leonardo: | Yo sólo pienso en el futuro de la empresa. |
| Gracia: | No lo dudo. Habla entonces con papá y explícaselo. |
| Leonardo: | A mí no me hace caso, habla tú con él. Tal vez a ti te escuche. |
| Gracia | No creo, te lo digo por experiencia, yo ya he intentado y a mí tampoco me escucha. Si se lo explicas bien, estoy segura de que te va a hacer caso. |

| | | |
|---|---|---|
| Leonardo | No creas, no puedo explicárselo, siempre está diciéndome que soy muy joven, siempre está repitiéndomelo. Él cree que nosotros los jóvenes no somos capaces de llevar un negocio. | |
| Gracia: | Está bien, yo hablo con papá, pero tú, llama a mamá para explicárselo. | |
| Leonardo: | Siempre tengo que enfrentarme a ellos. | |
| Gracia: | Te recuerdo que yo voy a hablar con papá, no te quejes. | |
| Leonardo: | Está bien, no te preocupes. | |

**2** Encuentra en el diálogo las palabras que corresponden a estas definiciones.

1. _____ Cualquier sentencia popular repetida tradicionalmente con forma invariable.
2. _____ Situaciones por las que se pasa y con las que se adquiere conocimiento de la vida.
3. _____ Arte de dirigir un asunto para lograr el objetivo deseado.
4. _____ Utensilio para abanicarse formado por varias varillas que salen radialmente de un punto.
5. _____ Situación mala o difícil de una persona, una empresa, un asunto…

**3** Completa el cuadro con los sustantivos y los verbos que faltan.

| | | |
|---|---|---|
| la herencia | _____ | el heredero |
| la compra | _____ | _____ |
| _____ | _____ | el competidor |
| _____ | vender | _____ |
| el negocio | _____ | _____ |
| _____ | exportar | _____ |
| el comercio | _____ | el importador |
| _____ | emprender | _____ |
| _____ | producir | _____ |

**4** Di si es verdadero o falso.

| | V | F |
|---|---|---|
| 1. Gracia y Leonardo están tratando de sacar adelante el negocio familiar. | ☐ | ☐ |
| 2. Según Gracia, a los padres les ha ido muy bien en la empresa. | ☐ | ☐ |
| 3. El producto que venden está en el mercado desde hace poco tiempo. | ☐ | ☐ |
| 4. Es un producto perfecto para los anglosajones. | ☐ | ☐ |
| 5. Para Leonardo basta con las intenciones para tener éxito. | ☐ | ☐ |
| 6. Los esfuerzos de varias generaciones pueden desaparecer si se equivocan. | ☐ | ☐ |
| 7. Van a consultar a expertos del sector. | ☐ | ☐ |
| 8. Los padres tienen excelentes conocimientos del producto. | ☐ | ☐ |
| 9. El padre no cree que sus hijos puedan tener éxito con la empresa. | ☐ | ☐ |
| 10. Leonardo acepta hablar con su padre. | ☐ | ☐ |

**5** ¿Con cuál de estas afirmaciones estás de acuerdo? Explícalo a tus compañeros.

- Las empresas familiares son un anacronismo de la sociedad.
- Los jóvenes recién graduados no tienen la experiencia necesaria para administrar una empresa.
- Si heredas un negocio no tienes que pedir consejos a tus padres.
- Yo no quiero trabajar en una empresa familiar.
- No me interesa crear mi propia empresa, es demasiado arriesgado.

# b Estrategias de comercialización

**1** **Cómo triunfan los líderes: Lee las estrategias comerciales de estas empresas.**

 Somos de los pocos fabricantes informáticos que no tienen intermediarios.

Realizamos acciones de micromárketing para fidelizar uno a uno a los clientes.

 Nos adaptamos a la clientela muy sensible al precio.

Tenemos la red más extensa del mercado, con 2.800 oficinas. **MAPFRE** GRUPO ASEGURADOR

 Segmentamos a los clientes para ofrecerles productos a medida.

Potenciamos nuestros canales de venta para depender menos de intermediarios.

**2** **Ahora, lee las explicaciones que dan los líderes de estas empresas. Escribe el nombre de la compañía a la cual se refieren.**

**1.** Adaptamos nuestro servicio y tarifas al segmento de clientela muy sensible al precio. Para competir en este segmento es fundamental revisar todos los procesos que conducen a una imprescindible reducción de costes. La clave está en reaccionar con agilidad a los cambios del mercado.

_____

**2.** Desarrollamos nuestros canales de distribución, especialmente Internet. Además, para depender menos de los intermediarios, contamos con tres *call center* en España, Brasil y Estados Unidos. Otro pilar básico de nuestra estrategia comercial es la diversificación de nuestro producto.

_____

**3.** Negociamos directamente con la gran superficie o con el distribuidor, es decir, nos saltamos el eslabón del mayorista. Eso abarata sensiblemente los costes y también el precio final del producto. Nos lo podemos permitir porque fabricamos desde España.

_____

**4.** Nuestros resultados son fruto de un esfuerzo continuo por lograr la excelencia en el servicio, eficiencia en la gestión y cercanía al cliente. La atención personalizada es un factor clave que hemos obtenido gracias a una amplia y profesionalizada red territorial de oficinas.

_____

**5.** Hemos pasado de atender clientes sin diferenciar segmentos a atenderlos de forma diferenciada y, además, a vender no sólo electricidad sino también gas y otros productos y servicios. También estamos desarrollando muy activamente la relación directa con los clientes, invirtiendo en acciones de micromárketing.

_____

**6.** El éxito de la estrategia comercial de nuestro grupo está en la visión que tenemos del cliente. La gestión de clientes es fundamental porque su segmentación nos permite conocer sus necesidades y ofrecerles los productos adecuados.

_____

Adaptado de *Actualidad Económica*

**3** **¿Por qué son acertadas estas estrategias de comercialización? Coméntalo con tus compañeros.**

## 4 Internet, la estrategia que más crece. Lee este texto.

Muchas empresas han entrado en Internet, pero no todas han sido capaces de sacarle el jugo. Y eso que la recompensa merece el esfuerzo: ahorros en los costes de producción, una gestión más eficiente, mayor competitividad, etc. Compañías como **El Corte Inglés**, **Iberia**, **Sol Meliá** o **BBVA** lo saben y llevan años haciendo esfuerzos para que Internet forme parte de sus estrategias. Estas empresas han conseguido situarse entre los líderes del comercio electrónico dirigido al consumidor final. Según la Asociación Española de Comercio Electrónico, la facturación del comercio *online* en España se ha situado en unos 2.065 millones de euros, un 35% más que el año anterior. Y las expectativas siguen siendo muy positivas.

Adaptado de *Actualidad Económica*

## 5 ¿Te parece que hoy en día las empresas pueden prescindir de Internet? Explícalo a tus compañeros.

## 6 Escucha la grabación e identifica las empresas con los logotipos.

PISTA **35**

## 7 Responde a las siguientes afirmaciones.

|  | Sí | No | Depende |
|---|---|---|---|
| Me parece importante que una empresa responda a las inquietudes del consumidor. | ☐ | ☐ | ☐ |
| Es interesante que las empresas creen una comunidad de consumidores. | ☐ | ☐ | ☐ |
| No quiero que una empresa organice mis excursiones del fin de semana. | ☐ | ☐ | ☐ |
| Es necesario que se creen vínculos entre la empresa y el consumidor. | ☐ | ☐ | ☐ |
| Me identifico con las personas que consumen los mismos productos que yo. | ☐ | ☐ | ☐ |
| Es inevitable que ciertas marcas formen parte de nuestra vida. | ☐ | ☐ | ☐ |

## 8 Compara tus respuestas con las de tus compañeros.

## Vender o no vender, esa es la cuestión

## 1 El jefe de ventas ideal de acuerdo a *Actualidad Económica*. Organiza estas virtudes según tu orden de prioridades.

1. Debe tener un conocimiento exhaustivo de los canales de distribución. ☐
2. Es una persona que sabe ponerse en la piel del comprador. ☐
3. Tiene la capacidad de controlar a su equipo, aunque éste pase más tiempo en la calle que en la oficina. ☐
4. Sabe controlar sus emociones. No se hunde con los fracasos ni se cree el rey del mundo con sus éxitos. ☐
5. Es un hombre que aguanta la presión. ☐
6. La planificación y la organización son sus virtudes. ☐
7. Es una persona que debe saber imponer sus criterios. ☐
8. Tiene que esforzarse para que su equipo se sienta reconocido por algo más que por el dinero ingresado. ☐
9. Cuando decide dar un giro a su campaña comercial, tiene que saber venderla como lo mejor del mundo. ☐
10. Debe ser coherente con los objetivos que establece. ☐

## 2 Compara tu orden con el de tus compañeros. Llegad a un acuerdo para determinar las virtudes más importantes de un buen vendedor.

## 3 ¿Ya has tenido alguna experiencia de ventas? Explícaselo a tus compañeros.

## 4 Tenéis que vender una semana de turismo en vuestro país. En grupos, preparad vuestros argumentos de venta y presentadlos a vuestros compañeros.

# CREEMOS Y NEGOCIEMOS

## El Comercio Justo

**1** Otro comercio es posible. Lee el siguiente texto.

### ¿Qué es el Comercio Justo?

El Comercio Justo es una alternativa al comercio convencional que acerca el productor al consumidor, evitando la cadena de intermediarios. El Comercio Justo es una "asociación comercial que busca el desarrollo sustentable para los productores excluidos o con desventajas en los grandes circuitos del comercio tradicional. Busca realizar esto proponiendo mejores condiciones comerciales para los pequeños productores, educando a los consumidores para generar una toma de conciencia en torno al tema y llevando a cabo campañas de educación y promoción".

### ¿Qué distingue o caracteriza una transacción de Comercio Justo?

Existen tres condiciones básicas que deben ser cumplidas para definir una transacción como Comercio Justo:

1. Debe existir una relación directa entre productores y consumidores, evitando al máximo los intermediarios o especuladores.
2. Se debe practicar el "precio justo" que permita al productor y a su familia vivir dignamente de su trabajo.
3. Se debe establecer relaciones y contratos a largo plazo basados en el respeto mutuo.

### ¿Qué ventajas presenta el Comercio Justo frente al comercio convencional?

Los productores pequeños no se ven marginados de los mercados, son reconocidos por su historia y experiencia, fortaleciendo así su identidad productiva y cultural. Su esfuerzo es premiado con un precio justo y habitualmente mejora su relación con otros actores del comercio convencional. Los consumidores también se ven beneficiados ya que los productos comerciados a través del Comercio Justo se caracterizan por una mayor transparencia, incorporan los costos ambientales y sociales asociados a su producción. Por tanto, se trata de bienes elaborados con mayor respeto de las condiciones del medio ambiente y son obtenidos en mejores condiciones laborales para los trabajadores.

Tomado de www.tiendacomerciojusto.cl

**2** Los sujetos económicos que hacen posible el Comercio Justo. Relaciona las dos columnas.

| | |
|---|---|
| 1. El consumidor responsable | a. Se une en cooperativas con un proyecto solidario de economía social alternativa como medio de transformación de la sociedad en los países del sur. |
| 2. El productor asociado | b. Contribuye a difundir en el norte los productos y mercancías elaboradas por los productores asociados sin ánimo de lucro y con intención de favorecer el Comercio Justo. |
| 3. El mediador-facilitador sin ánimo de lucro | c. Es consciente del poder de su consumo para elegir determinados productos elaborados con dignidad por productores asociados del sur. |

Tomado de www.nodo50.org/espanica/cjust.html

# b Una experiencia de Comercio Justo

## 1 Café: un ejemplo de producción y consumo responsable. Estudia este proyecto en Nicaragua.

### Socio local

El socio local es la asociación de cooperativas nicaragüenses CAFENICA, donde el 20% de los pequeños productores de café de este país se encuentra reunido. Entre todas las organizaciones producen y exportan un poco más del 15% de la producción de Nicaragua.

### Financiador

El proyecto tiene una duración de 3 años y está cofinanciado por las siguientes instituciones:

Unión Europea, CAFENICA (Nicaragua), Fundación Ecología y Desarrollo (España) y Centro de Tecnología "Notting Dale" (Reino Unido).

### Breve descripción

El proyecto tiene como objetivo general que los consumidores de café de España, al consumir este tipo de café, protejan los bosques tropicales. Con esto, a su vez, se aumenta la calidad de vida de los pequeños productores de la zona que cultivan este café mediante la creación de una oferta y una demanda desde España. De esta manera, el funcionamiento del mercado trabaja en beneficio de la sostenibilidad del cultivo del café.

### Líneas generales de acción en Nicaragua

Fortalecer y proteger el equilibrio sostenible del ecosistema del bosque tropical del café y su biodiversidad, para lo que se va a apoyar tanto la mejora de la calidad del producto como el desarrollo de tecnologías limpias. La finalidad consiste en aumentar los ingresos de los pequeños productores, ya que este tipo de café obtiene mejores precios en los mercados internacionales.

### Líneas generales de acción en España

Educar a los consumidores españoles en el consumo responsable de café y sus implicaciones internacionales para personas y ecosistemas. Paralelamente se va a facilitar el establecimiento de relaciones directas entre productores y tostadores (nicaragüenses) y distribuidores y consumidores (españoles) de un producto (café).

Adaptado de www.ecodes.org

## 2 El café en Nicaragua. Escucha la grabación y completa el cuadro.

PISTA **36**

Variedad: _____ Producción: _____ Extensión de cafetales: _____

Productores: _____ Recolección: _____ Consumo interno: _____

Principales países de exportación: _____

Tomado de http://www.forum-cafe.com

## 3 La clase se pone al dí@ con el Comercio Justo: INTERNET.

En grupos, vais a desarrollar un proyecto de Comercio Justo para distribuir en el mercado productos agrícolas como azúcar, cacao, flores o miel, u otros productos como balones de fútbol o servicios que pueden ser vendidos bajo esta denominación. Presentad el mercado, los consumidores y los modos de distribución que vais a utilizar, así como los beneficios para el productor.
INTERNET

Acudid a: www.sellocomerciojusto.org, www.comerciojusto.com.mx, www.nodo50.org/espanica, www.boncafe.org.

En estos sitios vais a encontrar las informaciones necesarias sobre el Comercio Justo, algunos ejemplos de acciones ya desarrolladas, así como todo lo concerniente al sello de garantía Fairtread (Fairtrade Labelling Organizations International), que garantiza y promueve los productos del Comercio Justo.

# CADA DÍ@ MÁS

## La gastronomía en España

**1** ¡Qué aproveche! Observa y lee para identificar los platos.

Se trata de un plato muy típico de la cocina tradicional asturiana. Su preparación no tiene más que un secreto, usar productos asturianos auténticos, sobre todo las alubias o fabes. ¿Qué es la fabada? Es un potaje de alubias con tocino, chorizos y morcilla. Pero es algo más que eso, más copioso y más rico de ingredientes. La fabada asturiana es un plato contundente, apto para ser tomado en invierno o cuando no hace demasiado calor.

Se trata de un plato clásico de la cocina vasca. Los ingredientes son: las tajadas de bacalao correspondientes al número de comensales, cebollas preferiblemente rojas, pimientos choriceros, ajo, aceite de oliva virgen y sal. El secreto del bacalao a la vizcaína es producto de la personalísima salsa preparada con pimientos choriceros, abundantes cebollas y ajo que proporcionan al plato un sabor pronunciado y hace que resulte delicioso al paladar.

Es, quizás, el plato más representativo de la cocina de Madrid. Consiste en un guiso con un ingrediente principal, los garbanzos, y otros secundarios que son muy importantes, las verduras y las carnes. Los vegetales dependen mucho de cada cocinero pero, entre los que son habituales, se encuentran el repollo, la zanahoria, el nabo, la judía verde y las patatas. La carne de cerdo es la principal con el tocino, el chorizo y la morcilla, según los gustos. También se puede preparar con ternera o con aves, generalmente gallina o pollo. El cocido madrileño es un plato único, potente y habitual en el tiempo frío.

Su origen es la conjunción de los elementos de la región: las verduras frescas de la huerta, el arroz, los pollos y conejos. Si a eso le añadimos el marisco y el pescado, así como el aceite de oliva propios de la cuenca mediterránea, tenemos todos los ingredientes. Es necesaria una cosa más, el recipiente para cocinarlos, la paella.

Según los más puristas hay dos clases de paellas:

La paella valenciana, hecha con pollo y conejo, tomate, judías verdes, alcachofas y guisantes, según la temporada, aceite de oliva, azafrán y, por supuesto, el arroz.

La paella de marisco, que se realiza con productos del mar como la sepia, calamares, mejillones, gambas, almejas, langosta, ajo, aceite de oliva, tomate y azafrán, sin olvidar el arroz.

**2** Con la ayuda del recuadro, haz una lista de los principales ingredientes de cada plato.

| Carnes y embutidos | Pescados y mariscos | Legumbres | Verduras |
|---|---|---|---|
| cerdo | almejas | alubias | alcachofas |
| chorizo | bacalao | arroz | cebollas |
| conejo | calamares | garbanzos | guisantes |
| gallina | gambas | patatas | judías verdes |
| morcilla | langosta | | nabos |
| pollo | mejillones | | pimientos |
| ternera | sepia | | repollo |
| tocino | | | tomates |
| | | | zanahorias |

La fabada asturiana: _____

El cocido madrileño: _____

El bacalao a la vizcaína: _____

La paella valenciana: _____

La paella de marisco: _____

**3** El tapeo. Lee el siguiente texto y contesta al cuestinario.

Las **tapas** son una tradición en España. ¿Conoces el significado de la palabra *tapa* en su acepción culinaria? Tradicionalmente es una pequeña ración de un alimento apetitoso, que se acompaña con una bebida, consumida como entrante, es decir antes de cualquiera de las dos comidas importantes del día, o en lugar de ellas.

El tapeo, de gran arraigo en la tradición gastronómica española, ha ido adquiriendo paulatinamente una difusión cada vez más amplia. El número de restaurantes que incorporan las tapas, los pinchos o las cazuelitas en su oferta culinaria ha crecido espectacularmente en los últimos años, y han proliferado igualmente los locales dedicados en exclusiva a la práctica del tapeo. La tapas han dejado de estar destinadas exclusivamente al aperitivo y se consumen con frecuencia en sustitución de las tradicionales comidas de cuchillo y tenedor, para ahorrar tiempo o para dar un aire festivo y desenfadado a un almuerzo o una cena.

*Guía de las tapas de España* – Plaza & Janés

1. La tapa es:

☐ a. Una pieza que cierra un objeto.      ☐ b. Cualquier alimento que se sirve para acompañar la bebida.

☐ c. El nombre dado a la bebida que se toma antes de la comidas.

2. El tapeo pertenece a:

☐ a. la casa      ☐ b. la oficina      ☐ c. la calle

3. Los establecimientos de tapas son lugares:

☐ a. de trabajo      ☐ b. de compadreo      ☐ c. de juego

4. Los locales que sirven tapas suelen situarse en:

☐ a. la parte antigua de la ciudad      ☐ b. las zonas industriales      ☐ c. las afueras

5. Comer al estilo de las tapas es comer:

☐ a. barato      ☐ b. con frugalidad      ☐ c. por capricho

**4**  La crianza del vino. Escucha y completa el cuadro.

PISTA 37

| Categoría | Recipiente | Tiempo de envejecimiento | Tipo de vino |
|---|---|---|---|
| Crianza | | | |
| Reserva | | | |
| Gran Reserva | | | |

## PRONOMBRES PERSONALES

Observa estas frases:

*Habla entonces con papá y explícaselo.*  *No creo, te lo digo por experiencia*  *Si se lo explicas bien*

*No puedo explicárselo*  *siempre está diciéndome que soy muy joven, siempre está repitiéndomelo.*

### Pronombres en función de complemento

| directo | indirecto |
|---|---|
| me | |
| te | |
| lo    la | le |
| nos | |
| os | |
| los    las | les |

| | |
|---|---|
| **orden obligado de pronombres:** complemento indirecto + complemento directo | *te lo* digo |
| *le* y *les* + otro pronombre complemento > *se* | *si **se lo** explica*  → a él, ella, ellos, ellas  → a usted, ustedes |

### Forma enclítica

| | |
|---|---|
| Con el infinitivo, el gerundio y el imperativo, el pronombre se coloca **detrás** formando una sola palabra  El orden de pronombres también es:  **complemento indirecto + complemento directo** | **Infinitivo:** *no puedo explicárselo*  **Gerundio:** *siempre está repitiéndomelo*  **Imperativo:** *explícaselo* |

**Fíjate:** cuando el infinitivo, el gerundio o el imperativo van seguidos de doble pronombre, siempre llevan tilde. La tilde indica la sílaba tónica:

*explicárselo*

*repitiéndomelo*

*explícaselo*

## PRESENTE DE SUBJUNTIVO: VERBOS REGULARES

| Pronombres sujeto | hablar | comer | vivir |
|---|---|---|---|
| yo | hable | coma | viva |
| tú | hables | comas | vivas |
| él – ella – usted | hable | coma | viva |
| nosotros/as | hablemos | comamos | vivamos |
| vosotros/as | habléis | comáis | viváis |
| ellos – ellas – ustedes | hablen | coman | vivan |

Observa las vocales: verbos en -ar: a > e        en -er o -ir: e > a

## PREPOSICIONES

### por

| | |
|---|---|
| ***Por** la calidad del producto o **por** ser español.*  *Personas interesadas **por** un proyecto comercial.* | **Por** expresa la **causa** de la acción. |

### para

| | |
|---|---|
| *Es necesario que nos demos los medios **para** hacerlo.*  *Llama a mamá **para** explicárselo.* | **Para** expresa la **finalidad** de la acción. |

# USOS DEL SUBJUNTIVO

Observa estas frases del diálogo:

¿Quieres que **mejoremos** el producto?

No, deseo que **cambiemos** nuestra estrategia comercial y que **estudiemos** el mercado internacional.

**Para expresar una voluntad, un deseo:**
querer que, desear que, pedir que + **subjuntivo**

Es necesario que **modifiquemos** el aspecto comercial.

Es necesario que nos **demos** los medios para hacerlo.

**Para expresar una necesidad:**
es necesario que + **subjuntivo**

Quizás no **vendamos** en Australia.

Bueno, quizás **exista** cierta posibilidad de exportar.

Tal vez a ti te **escuche**.

**Para expresar la probabilidad:**
quizás, tal vez, es posible que + **subjuntivo**

Yo **no pienso** que **debamos** cambiar la estrategia comercial de la empresa.

**No creo** que las buenas intenciones **cambien** las reglas comerciales.

**Para expresar una opinión:**
no pienso que + **subjuntivo**
no creo que + **subjuntivo**

---

**¡Fíjate!**

Yo **pienso** que **debemos** adaptarnos a las nuevas condiciones del mercado.

**pensar que + indicativo**

*Estoy segura* de que te **va** a hacer caso.

**estar seguro de que + indicativo**

Los verbos de opinión (*pensar*, *creer*, etc.) en forma afirmativa se construyen con el **indicativo** y en forma negativa se construyen con el **subjuntivo**.

---

# IMPERATIVO: VERBOS REGULARES

| Pronombres sujeto | hablar | comer | vivir |
|---:|---|---|---|
| (tú) | habl**a** | com**e** | viv**e** |
| (usted) | habl**e** | com**a** | viv**a** |
| (nosotros/as) | habl**emos** | com**amos** | viv**amos** |
| (vosotros/as) | habl**ad** | com**ed** | viv**id** |
| (ustedes) | habl**en** | com**an** | viv**an** |

**Observaciones:** La 2ª persona del singular (**tú**) coincide con la 3ª persona singular del presente de indicativo.

La 2ª persona del plural (**vosotros/as**) se forma cambiando la **–r** final del infinitivo por **–d**.

Las demás formas provienen del presente de subjuntivo.

*No creas.*

*No te quejes.*

*No te preocupes.*

Formación del **imperativo negativo**

=

**no + presente de subjuntivo**

---

# SUPERLATIVO

Observa estas frases del diálogo:

Podemos tener **muy** buenos resultados.
Siempre está diciéndome que soy **muy** joven.

*Excelentísimo* desde 1895.
Los riesgos son elevad**ísimos**.
Tienen much**ísima** experiencia.

Existen dos maneras para la formación del superlativo en español:

1º Anteponiendo **muy** al adjetivo.

o

2º Añadiendo la terminación **–ísimo, a, os, as** al adjetivo.

# ¡Hablemos de dinero!

## SENTEMOS BASES

### a1 La retribución

**1** ¿Dinero? No, algo más moderno. Lee el siguiente artículo.

> ¿Cómo se pagan las interminables horas que pasas en la oficina? Un coche, un seguro médico, un plan de pensiones, cursos de formación, tiques de guardería...
>
> Ahora ya puedes elegir. Sólo el 20% de las empresas españolas ha implantado políticas de retribución variable, pero es una tendencia que los expertos apuntan al alza. Esta especie de vuelta al pasado, a la recuperación del pago en especie, cuenta ahora con atractivas ventajas fiscales para la compañía y los empleados. Además, sirve de incentivo para los individuos. La empresa se preocupa por dar el máximo rendimiento a la retribución de sus empleados y por satisfacer sus necesidades. Este tipo de políticas retributivas, de momento, sólo se está desarrollando en empresas de tamaño medio y grande, y afecta prioritariamente a empleados con sueldos superiores a 40.000 euros anuales. Las iniciativas más comunes en retribución en especie son la cobertura médica, extensible a familiares en el caso de los directivos; los planes de jubilación (un apartado que incluye también los seguros de vida); un coche como pide el 95% de los altos cargos españoles y, desde su implantación hace pocos años, la subvención de la guardería. También están apareciendo sistemas más originales. Por ejemplo, ofrecer la posibilidad de donar parte del sueldo bruto a una ONG, cantidad que complementa la empresa. O gestionar servicios de canguro o de reparaciones domésticas a precios ventajosos para la plantilla.
>
> Adaptado de *Actualidad Económica*

**2** ¿A qué palabras del texto corresponden las siguientes definiciones?

1. _____ Cantidad fija y periódica asignada a una persona por su trabajo.
2. _____ Persona, generalmente joven, que se encarga de atender a niños pequeños en la casa de éstos durante la ausencia de los padres.
3. _____ Magnitud de una cosa resultante del conjunto de sus dimensiones materiales.
4. _____ Se aplica a la situación de una cosa que está subiendo o aumentando, por ejemplo los precios.
5. _____ Contrato por el cual uno de los contratantes se obliga a indemnizar a otro mediante el pago por éste de una cuota periódica.
6. _____ Establecimiento donde se cuida y atiende durante algunas horas a los niños pequeños, por ejemplo mientras están sus madres en el trabajo.

7. _____ En frutos o en géneros. Se dice, referido a un pago, por oposición a 'en dinero'.

8. _____ Hecho de disponer que una persona cese en el ejercicio de sus funciones por razón de edad o de enfermedad.

9. _____ Estímulo que se ofrece a una persona o grupo para elevar la producción.

10. _____ Garantía que sirve de defensa contra un riesgo de enfermedad o incapacidad.

### 3 Relaciona las dos columnas.

1. la retribución variable       ☐ a. el mayor provecho

2. la vuelta al pasado           ☐ b. el seguro para las personas jubiladas

3. el máximo rendimiento         ☐ c. la remuneración flexible

4. los altos cargos              ☐ d. los costes favorables para los empleados

5. el plan de pensiones          ☐ e. la vuelta a antiguas costumbres

6. las reparaciones domésticas   ☐ f. los directivos

7. los precios ventajosos a la plantilla   ☐ g. las pequeñas obras hogareñas o caseras

### 4 Tendencias. Escucha la grabación y, con la ayuda del diccionario, contesta a las siguientes preguntas.

PISTA 38

1. ¿Cuáles son los incentivos a largo plazo?

2. ¿Qué porcentaje de empresas ofrece este tipo de incentivos?

3. ¿Qué recompensa el bono anual?

4. ¿Qué porcentaje de compañías utiliza el bono anual?

5. ¿A qué empleados se está extendiendo la práctica de la retribución variable?

6. ¿Cuáles son los productos o servicios que se pueden elegir?

7. ¿Por qué está de moda este tipo de retribución?

### 5 En tu opinión, ¿cuáles son las ventajas y las desventajas de la retribución variable? Explica.

> **DICCIONARIO**
>
> **Retribución variable:** es el dinero que la empresa promete pero no se compromete a pagar, además de tu salario fijo por contrato.
>
> **Bono por desempeño:** es el tipo más frecuente de retribución variable. La empresa te lo paga, de forma adicional a tu salario fijo, si logras unos resultados individuales y colectivos previamente marcados.
>
> **Bono diferido:** bono que se cobra a un plazo más largo de lo habitual. Por ejemplo en un plan a tres años.
>
> **Opciones sobre acciones:** es un contrato que te reconoce el derecho a comprar determinado número de acciones de tu empresa a un precio fijo dentro de un espacio de tiempo futuro previamente pactado. Si en ese tiempo contribuyes a que la acción suba de precio, ganas la diferencia.

## b El dinero de plástico

### 1 Las tarjetas de crédito. Hemos seleccionado dos tarjetas. Escucha y completa el cuadro.

PISTA 39

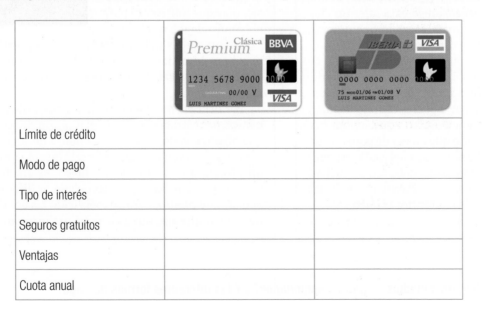

|  | | |
|---|---|---|
| Límite de crédito | | |
| Modo de pago | | |
| Tipo de interés | | |
| Seguros gratuitos | | |
| Ventajas | | |
| Cuota anual | | |

**2** Compara estas tarjetas y di cuál de ellas te parece más atractiva y por qué.

**3** Pros y contras de las tarjetas. Lee estas opiniones y coméntalas con tus compañeros.

"Yo que viajo bastante, he llegado a la conclusión de que el solo hecho de poder andar por el mundo sin la necesidad de llevar dinero en metálico es una ventaja. La que más utilizo es la Visa y lo bueno que tiene es que, pagando por ejemplo tu viaje, tienes el seguro incluido y te vas más tranquilo. Además, yo no quiero amargarme la vida con las deudas y, cuando es mi hora de vacaciones, quiero disfrutarlas plenamente. En este caso, nada mejor que pagar con la tarjeta porque con el pago aplazado me cobran en pequeñas cantidades mes tras mes y ni siquiera me doy cuenta. La cuota anual que te pueden cobrar varía según la tarjeta y el banco, pero, en todo caso, bien merece esa pequeña cuota."

"A mi parecer las tarjetas de crédito han sido uno de los mejores inventos. Al principio había gente que te asustaba porque se habían producido excesos puesto que la gente gastaba sin parar, olvidando que un día u otro iba a llegar la factura de todo lo comprado. Pero ahora quien no tiene tarjeta es algo raro.

La única pega que les encuentro a las tarjetas son las cuotas anuales que se tienen que pagar por disponer de una. Es que los bancos ganan por todas partes, cobran un tanto por ciento a los comercios y también te cobran. Suerte que han salido algunas como la Visa Repsol, que es la que yo tengo, porque gracias al descuento en las gasolineras, al final del año me pago la cuota anual y además salgo ganando."

"Tengo un tío que se va al banco con un cheque extendido a su nombre para disponer de dinero para gastar. Es una tradición muy antigua. El dinero se tiene en el banco, el que ganas, luego extiendes un cheque para sacar lo que quieras, y ya está.

Si un trabajador gana de media, pongamos unos 1.500 €, ¿por qué se le tiene que facilitar el acceso a mil o dos mil euros más? ¿Para que luego los pague a plazos cuando los haya gastado con la reducción de salario que supone?

Entiendo al millonario que quiera disponer de un medio de pago flexible según sus necesidades, pues siendo millonario supongo que debe tener muchas. Pero, ¿un trabajador corriente? Pienso que lo de las tarjetas de crédito es una auténtica trampa.

¡Consumid, malditos!"

"Soy una persona bastante viajera tanto por negocios como por placer. Hoy en día, no tener una tarjeta de crédito es casi como no saber de informática.

Yo me manejo en todo el mundo con una Visa Classic, más que suficiente para el común de los mortales.

Es una de las más aceptadas, cuesta poco y no te cobran comisión en compras. Pero ojo con sacar efectivo de los cajeros ya que suelen cobrar comisiones elevadas.

Por otra parte, una de las cosas que utilizan los bancos para atraer clientes es el montón de seguros que ofrecen: viaje, robo... hasta póliza de seguro de garantía del mejor precio, es decir que si compras un producto con tu tarjeta y luego en 15 días lo encuentras más barato te devuelven la diferencia. Suena muy bonito, pero ¿habéis leído las condiciones? ¡Es impresionante la lista de exclusiones!"

**4** ¿Cuáles son los diferentes medios de pago mencionados? ¿Y las diferentes formas de pago?

**5** Completa el siguiente cuadro con los sustantivos o verbos que faltan.

| Sustantivo | Verbo | Sustantivo | Verbo |
|---|---|---|---|
| _____ | asegurarse | la facilidad | |
| _____ | endeudarse | _____ | acceder |
| el disfrute | | _____ | reducir |
| el cobro | _____ | | necesitar |
| el susto | _____ | el consumo | |
| | | la aceptación | _____ |
| _____ | exceder | el coste | _____ |
| el gasto | _____ | | |
| | facturar | _____ | garantizar |
| la ganancia | | la devolución | |
| _____ | descontar | _____ | excluir |

**6** El uso de las tarjetas de crédito. Di si las siguientes afirmaciones te parecen positivas o negativas.

|  | + | - |
|---|:-:|:-:|
| 1. Se ofrece crédito inmediato en numerosos establecimientos de todo el mundo. | ☐ | ☐ |
| 2. Los productos que se compran resultan más caros debido a los gastos propios de las tarjetas. | ☐ | ☐ |
| 3. Como no se usa dinero en efectivo se puede llegar a comprar más de manera compulsiva. | ☐ | ☐ |
| 4. El titular de la tarjeta no necesita llevar dinero, eliminando así riesgos innecesarios. | ☐ | ☐ |
| 5. Los cargos adicionales que tienen las tarjetas suelen ser muy costosos. | ☐ | ☐ |
| 6. Muchos comercios ponen cuotas adicionales que encarecen los productos. | ☐ | ☐ |
| 7. Sirven para resolver emergencias, enfermedades, salidas improvisadas, regalos, etc. | ☐ | ☐ |
| 8. Aportan prestigio al usuario, ya que constituyen un medio de identificación y confiabilidad. | ☐ | ☐ |
| 9. Las tarjetas sustituyen al manejo de efectivo y al uso de cheques. | ☐ | ☐ |
| 10. El uso de tarjetas aumenta las posibilidades de fraude en casos de robo o pérdida de tarjeta. | ☐ | ☐ |

**7** ¿Tienes una tarjeta de crédito? ¿Estás satisfecho con ella? ¿Por qué?

**8** La clave de los beneficios. Descúbrela conjugando los verbos en las personas indicadas del imperativo.

1. ofrecer (Vd.)
2. realizar (Vds.)
3. gastar (vosotros)
4. servir (nosotros)
5. disponer (tú)
6. conocer (Vds.)
7. atender (tú)
8. pertenecer (Vd.)
9. modificar (nosotros)
10. conducir (Vd.)
11. obtener (tú)
12. elegir (Vds.)
13. disfrutar (vosotros)
14. mantener (Vd.)
15. conseguir (tú)

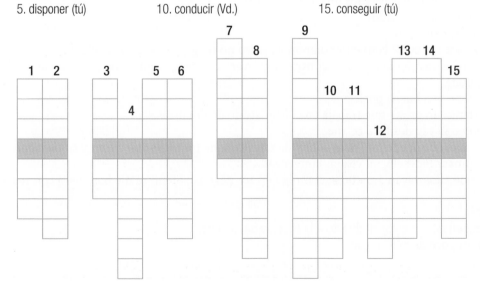

# ANALICEMOS Y PRACTIQUEMOS

## a̲L̲ Hoy en dí@

**1** Leamos este diálogo.

| | |
|---|---|
| Jairo: | El problema de los negocios es tener o no tener plata. Si perteneces a una familia rica, tienes más oportunidades para crear una empresa. ¿No te parece? |
| José Luis: | No creo que todo tenga que ver con tu posición económica o social. |
| Jairo: | ¡No nos engañemos! Aquí en América Latina es así. Sal a las calles de cualquier ciudad del continente y vas a ver la misma realidad. No lo niegues, ¡por favor! |
| José Luis: | Ya lo sé, una fractura social recorre el continente de norte a sur, pero si seguimos con una actitud negativa nunca vamos a cambiar la realidad que nos rodea. |
| Jairo: | Es verdad. Pero lo que me pasa a mí le pasa a mucha gente, tengo una idea de negocio pero me falta el capital. Quiero que me digas ahora mismo qué debo hacer, a quién debo recurrir. |
| José Luis: | A mí no. |
| Jairo: | Ya lo sé, tú estás igual que yo. |
| José Luis: | Pero, veamos, ¿cuál es tu idea? |
| Jairo: | Mira, aquí en el barrio, o más bien dicho, en toda esta zona de la ciudad no hay ningún lugar de lavado de carros. |
| José Luis: | ¿Quieres que alguien invierta en una lavandería de carros? |
| Jairo: | Claro, ¿qué tiene de malo? |
| José Luis: | Posiblemente no sea un buen negocio. |
| Jairo: | Eso es lo que tú crees. Hay cada vez más carros y la gente tiene cada vez menos tiempo para ocuparse de esas cosas. |
| José Luis: | ¿Y qué servicios vas a proponer? |
| Jairo: | Quiero que haya un par de máquinas de lavado automático, pero también vamos a proponer lavado a mano, por dentro y por fuera. Quizás también propongamos pequeños trabajos de mecánica como cambio de aceite, revisión de frenos, amortiguadores, en fin, cosas así. |
| José Luis: | Pero tú no sabes nada de mecánica, piénsalo. |
| Jairo: | No necesito saber mecánica para crear este negocio, puedo contratar profesionales para eso. Yo únicamente me voy a encargar de la administración y también del márketing del negocio. |
| José Luis: | Ya veo. Yo siendo tú voy al banco. |
| Jairo: | ¿Al banco? Ya sabes que aquí los bancos no son muy fiables. |
| José Luis: | Bueno, pues vas a un banco internacional, recientemente han abierto una sucursal de un banco español. Yo de ti, tomo una cita con ellos y les propongo el negocio. Hazlo si quieres comprobarlo. |
| Jairo: | No, de verdad no confío en los bancos, ellos lo que te van a hacer es sacarte el jugo, cobrar, y tú terminas trabajando para pagarles los intereses. |
| José Luis: | Y entonces, ¿en qué has pensado? |
| Jairo: | En un socio. Tú, por ejemplo. |
| José Luis: | ¿Quieres que yo sea tu socio? Pero entendámonos, ¡si yo no tengo donde caerme muerto! |
| Jairo: | Pero si ya somos dos va a ser más fácil encontrar un tercero que tenga capital. Además tú vienes de una familia de plata. |
| José Luis: | Bueno, mi tío tiene una buena posición. |
| Jairo: | Pero también tienes un primo que trabaja en el Ministerio de Finanzas. |
| José Luis: | Es verdad, pero no lo veo desde hace años. |
| Jairo: | Eso qué importa, él nos puede informar sobre los trámites que tenemos que hacer, y tu tío pone el capital. ¿Qué opinas? Pídeselo, tal vez los convenzas. |
| José Luis: | No me parece que ellos vayan a meterse conmigo en un negocio. Siempre me han visto con mala cara. |
| Jairo: | Pero, ¿por qué? |
| José Luis: | Por no ser como ellos, por estar dedicado a la fotografía, al arte. |
| Jairo: | Bueno, tienen un poco de razón, ¿no? |
| José Luis: | ¡Claro que no! |

## 2 ¿A quién corresponden estas frases?

|  | Jairo | José Luis |
|---|---|---|
| 1. Para crear una empresa hay que pertenecer a una familia rica. | ☐ | ☐ |
| 2. La realidad de América Latina se puede ver en las calles. | ☐ | ☐ |
| 3. Es importante que los latinoamericanos tengan un pensamiento positivo. | ☐ | ☐ |
| 4. Pide consejos a su amigo para crear un negocio. | ☐ | ☐ |
| 5. Quiere que alguien invierta en su negocio. | ☐ | ☐ |
| 6. No cree que tenga las capacidades técnicas para hacerlo. | ☐ | ☐ |
| 7. Cree que su amigo debe recurrir a un banco. | ☐ | ☐ |
| 8. No piensa que los bancos sean fiables. | ☐ | ☐ |
| 9. Quiere que su amigo se asocie a su negocio. | ☐ | ☐ |
| 10. No cree que sus familiares estén dispuestos a ayudarle. | ☐ | ☐ |

## 3 Escoge el o los consejos con los cuales estás más de acuerdo.

☐ Para mí, tiene que recurrir a un banco de su país.

☐ Yo creo que debe pedir dinero a un amigo o familiar.

☐ En mi opinión, lo mejor es que trabaje durante un tiempo y ahorre dinero.

☐ Lo ideal es que se busque un socio capitalista.

☐ Desde mi punto de vista, lo mejor es acudir a un organismo internacional.

☐ Debe pensárselo más tiempo.

☐ Antes que nada es necesario que aclare su idea y escriba un plan de negocio.

☐ Lo más sensato es que cree un negocio en relación con la fotografía.

☐ En su situación, la única salida es que inmigre a un país desarrollado para emprender.

Ofrece otros consejos y explícalos.

## 4 Compara tus respuestas con las de tus compañeros.

# b Cosas de bancos

**1** BBVA, una historia antigua para un grupo moderno. Ordena estos elementos para conocerla.

**a** Además, a partir de 1960 se incrementa la presencia internacional del grupo.

**b** Hoy, en el **BBVA** trabajamos por un futuro mejor para las personas, buscando relaciones duraderas con el cliente que cambian la forma de ver el negocio. Como resultado de este trabajo, **BBVA** se ha convertido en todo un referente mundial y en uno de los bancos más reconocidos y premiados.

**c** En 1857, la Junta de Comercio promueve la creación del Banco de Bilbao como banco de emisión y descuento.

**d** La historia de **BBVA** es la historia de muchas personas que, desde mediados del siglo XIX, han formado parte de entidades financieras que se han ido uniendo para ampliar su proyecto empresarial. **BBVA** apuesta firmemente por el futuro y avanza adaptándose a las necesidades que impone un mercado cada vez más global. Una historia de siglo y medio avala esta apuesta.

**e** En 1999 se produce la integración del Banco Bilbao Vizcaya con el Argentaria, creando el actual **BBVA**.

**f** Luego, en el último cuarto del siglo XIX y el primero del siglo XX, se fundan la mayor parte de las entidades financieras que a lo largo del siglo XIX se van ampliando, formando grupos financieros de mayor tamaño.

Tomado de bbva.es

**2** La presencia de BBVA en América Latina. Escucha la grabación y responde a las preguntas.

PISTA **40**

1. ¿En qué países comienza su presencia internacional el Banco de Bilbao?
2. ¿Cuál es el país de América Latina en el que se instala por primera vez el Banco Exterior?
3. ¿Qué banco adquiere en Puerto Rico el Banco Vizcaya?
4. ¿En qué países de América Latina está instalado el BBVA?

**3** El crecimiento del crédito en América Latina es prioritario para la estrategia de BBVA. Lee el texto del recuadro.

Según el Sr. Sánchez-Asiaín, director del **BBVA** para América del Sur, los grupos de población entre 25 y 50 años que acuden al banco para la adquisición de vivienda son crecientes, y el **BBVA** está allí para ayudarlos.

El Grupo incrementa permanentemente su cartera crediticia en la región.

Las hipotecas concedidas por **BBVA** han experimentado un importante despegue en América Latina el año pasado, con un crecimiento medio del 66,1%. Igualmente, su cartera de crédito al consumo ha crecido en un 63,7% el pasado año.

La financiación proporcionada por **BBVA** a las empresas de la región ha crecido a una tasa del 20,8%, y el Grupo ya cuenta con más de 300.000 clientes corporativos en América Latina.

Más de tres millones de latinoamericanos en búsqueda de créditos han acudido en los últimos dos años a **BBVA** para hacerse clientes. El Grupo ya tiene 19 millones de clientes con créditos en América Latina. Su cartera crediticia en la región asciende ya a 35.900 millones de euros, casi el doble que hace apenas cuatro años.

## 4 Relaciona las dos columnas.

☐ 1. hipoteca
☐ 2. adquisición de vivienda
☐ 3. cartera crediticia
☐ 4. crédito al consumo
☐ 5. clientes corporativos

a. conjunto de préstamos otorgados por el banco
b. conjunto de empresas y corporaciones clientes del banco
c. crédito otorgado por un banco para la adquisición de bienes inmuebles
d. compra de un lugar para vivir, casa, chalé, piso, apartamento
e. préstamo para adquirir bienes o servicios

## 5 Invertir en desarrollo humano y medioambiental. Rellena el texto con el presente de indicativo o de subjuntivo, según convenga.

### Bancos éticos: la responsabilidad social del dinero

Cada vez, con más frecuencia, cuando (ingresar) [1] _____ nuestro dinero en una entidad bancaria, (preguntarse) [2] _____ sobre el uso que (hacerse) [3] _____ de él. La actividad final gestionada a través del banco no nos (resultar) [4] _____ indiferente. También (querer) [5] _____ que nuestras inversiones (tener) [6] _____ un impacto social y (contribuir) [7] _____ a crear un futuro más digno para otras personas.

Un banco ético (funcionar) [8] _____ igual que los tradicionales pero, al mismo tiempo, (impulsar) [9] _____ valores radicalmente distintos: la persona antes que el capital, haciendo prevalecer la inversión justa frente a la especulación. Con su campaña 'Finanzas Éticas para el Desarrollo', la banca ética (intentar) [10] _____ sensibilizar a los españoles para que (invertir) [11] _____ sus ahorros en proyectos ecológicos, culturales, humanitarios...

Este sistema económico (beneficiar) [12] _____ tanto a los países del norte como a los del sur. Los inversores del norte (tener) [13] _____ la satisfacción de obtener una serie de valores éticos sin perder por ello los beneficios de la banca tradicional. Para los países del sur, la actividad de la banca ética (permitir) [14] _____ que las personas (acceder) [15] _____ a derechos económicos básicos, pero tradicionalmente negados, como la concesión de créditos que (favorecer) [16] _____ la autosuficiencia y (promover) [17] _____ proyectos de desarrollo y conservación del medio ambiente en cualquier lugar del mundo.

Las 'Finanzas Éticas' (contribuir) [18] _____ a equilibrar un crecimiento desigual fomentado por el sistema económico imperante: los pobres (ser) [19] _____ cada vez más pobres y los ricos, cada vez más ricos. En un mundo donde más de 1.000 millones de personas (vivir) [20] _____ inmersas en la pobreza, el dinero (poder) [21] _____ jugar un papel más que importante para que las iniciativas de desarrollo (erradicar) [22] _____ esa pobreza.

Adaptado de elmundo.es

## 6 Explica en qué difieren los bancos éticos de los bancos tradicionales.

Para tener más información, puedes acudir al sitio Internet del Triodos Bank, www.triodos.es. Allí vas a encontrar informaciones sobre el funcionamiento de un banco ético en España. En el sumario, acude a la rúbrica "Acerca del Triodos Bank", allí pulsa en "Misión" e "Historia".

# CREEMOS Y NEGOCIEMOS

**1** **¿Qué hacer con el dinero extra? Lee las opiniones de estas personas.**

Yo he trabajado toda mi vida para tener una vejez tranquila, y lo que he hecho con mis ahorros es comprar un piso. Ahora recibo una pensión y cobro el alquiler del piso, de esta manera mis ingresos no son tan bajos y puedo, por ejemplo, viajar de vez en cuando, darme algunos gustos.

Siempre que tengo dinero extra me lo gasto inmediatamente, a mí eso de ahorrar, de estar pensando en el futuro no me va. Vivo en el presente y es ahora que quiero disfrutar de la vida, viajar, salir con mis amigos, darle un bonito regalo a mi novia. En fin, soy un gastador, ¿y qué?

Yo trabajo en una empresa que antes pertenecía al sector público. En aquella época, y siendo funcionaria, vivía despreocupada con respecto al desempleo y a la jubilación. Ahora mi empresa ha sido privatizada y nos han propuesto comprar acciones. No es que me considere dueña de la empresa, pero en apenas seis meses he ganado el 20% del capital invertido. ¿No está mal, verdad?

Al salir de la universidad mi intención era crear mi propia empresa, pero no tenía dinero y no quería endeudarme con el banco. Por otra parte, consideraba que necesitaba un poco de experiencia. Hace diez años que trabajo y durante todo ese tiempo he ahorrado suficiente dinero para montar mi propio negocio. Han sido años de sacrificio pero por fin lo voy a lograr.

**2** **¿Con cuál de ellas te identificas? ¿Qué haces con tu dinero extra? Coméntalo con tus compañeros.**

## b La Bolsa de Madrid

**1** **Acude al sitio Internet bolsamadrid.es. En el índice pulsa en "Bolsa de Madrid" y luego en "Historia", allí vas a encontrar una cronología histórica hasta nuestros días.**

Con esta información y otras que puedes obtener en este sitio Internet o en el de las Bolsas y mercados (bolsasymercados.es), prepara una presentación de la Bolsa de Madrid para la clase.

**2** **Los sectores de la Bolsa de Madrid.**

Aquí te presentamos el perfil de una empresa de diferentes sectores de la Bolsa de Madrid. Después de leer esta información, acude al sitio Internet bolsamadrid.es, pulsa en "acciones", vas a ver la lista del IBEX 35 (Iberia index), que es el índice de referencia de las bolsas españolas, en donde sobresalen las 35 empresas más importantes de la Bolsa de Madrid. Explora el sitio y preséntalo a la clase.

Red Eléctrica, desde su creación en 1985, ha centrado su actividad en el transporte de electricidad y en la operación de sistemas eléctricos, separada de la generación y de la distribución. Propietaria de la mayor parte de la red española de transporte de electricidad de alta tensión, es la única empresa especializada en la actividad de transporte de energía eléctrica en España.

Sector petróleo y energía

El grupo Zeltia es el líder mundial en el descubrimiento y desarrollo de medicamentos de origen marino para el tratamiento contra el cáncer. Investigan y desarrollan tratamientos para enfermedades que afectan al sistema nervioso central, como el Alzheimer. Fabrican y comercializan productos para la limpieza y la higiene del hogar así como pinturas y barnices. Trabajan con un equipo de profesionales jóvenes y altamente cualificados y cuentan con un gran número de mujeres en puestos de dirección.

Sector farmacéutico

Abarca todas las actividades y segmentos del sector: promoción y venta de viviendas, gestión urbanística del suelo propio o para terceros, y prestación de servicios inmobiliarios. La actividad arrendadora y promotora se extiende a toda la Península. Desde su creación se ha caracterizado por ser una empresa líder en el sector del alquiler de productos inmobiliarios.

Sector servicios financieros e inmobiliarios

Ferrovial es uno de los mayores grupos empresariales españoles y su línea de negocio principal es la construcción, tanto nacional como internacional. Ha diversificado su actividad en negocios complementarios como la promoción inmobiliaria y de infraestructuras de transporte, el agua y el medio ambiente, los servicios y las telecomunicaciones.

Sector materiales básicos, industria y construcción

El grupo Prisa es uno de los más importantes grupos independientes de comunicación en español y el primero en España, en el que se integran empresas líderes en sus respectivos sectores de actividad. El lanzamiento del País Digital fue el primer paso del Grupo dentro de la profunda transformación tecnológica que atraviesa el sector de medios de comunicación, con nuevos soportes, nuevos canales de distribución y acceso a la información, el ocio, la educación y la cultura.

Sector audiovisual y comunicación

Jazztel es un grupo de empresas que en la actualidad ofrece servicios de telecomunicaciones en España y Portugal. La sociedad matriz del grupo fue constituida en julio de 1998. Su oferta de servicios abarca: telefonía, Internet, alojamiento en centro de datos, banda ancha, multiconferencia y servicios mayoristas, entre otros. Y su red da cobertura a los principales núcleos urbanos y centros empresariales de la Península Ibérica. Cotiza en Nasdaq Europe desde diciembre de 1999, y en el Nuevo Mercado Español desde diciembre de 2000.

Sector tecnología y telecomunicaciones

**3** **Ahora os proponemos que juguéis en la Bolsa, solos o en grupos. Vais a invertir 5.000 euros virtuales en una empresa del Ibex 35. Escogedla según vuestros conocimientos o por pura intuición.**

Para ello, id al sitio Internet bolsamadrid.es, recoged el valor de la acción y comprad el número de acciones equivalentes a los 5.000 euros. Observad la evolución de la cotización durante algunas semanas, al cabo de lo cual vais a vender vuestras acciones. ¿Habéis perdido o ganado dinero? ¿Podéis explicarlo a la clase? Para ello, haced un gráfico para mostrar mejor la evolución de vuestra empresa. ¡Suerte!

# CADA DÍA MÁS

 **La comunidad hispana de Estados Unidos**

**1** Los hispanos en Estados Unidos. Escucha la grabación y rellena el recuadro.

PISTA **41**

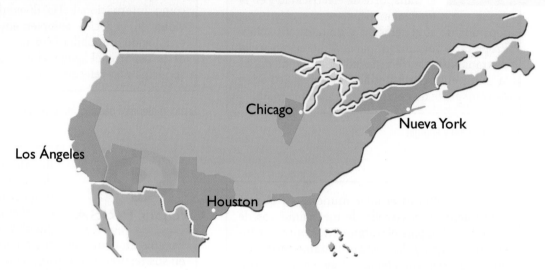

---

**Población hispana en EE. UU.:**

Puesto ocupado entre las naciones hispanohablantes:
_____

Estados y ciudades en los cuales viven:
_____

Poder adquisitivo:
_____

Remesas:
_____

Cantidad de empresas hispanas:
_____

Facturación de las empresas:
_____

---

**2** ¿Cuentan los latinos en la economía estadounidense? Escucha la grabación y responde a las preguntas.

PISTA **42** 1. ¿Por qué es importante que los inversionistas tomen en cuenta a los latinos?
_____
_____

2. ¿Qué hacen las empresas para atraerlos?
_____
_____

**3** En tu país, ¿hay muchos inmigrantes? ¿Qué porcentaje de la población representan? ¿De qué países son originarios? ¿Qué tipo de trabajos desempeñan? Explícalo a tus compañeros de clase.

**4** ¿Eres tú, o un miembro de tu familia, un inmigrante? Cuéntaselo a tus compañeros de clase.

# b Las mujeres latinas en Estados Unidos

**1** Lee el siguiente texto.

## Avanzan las latinas en Estados Unidos

Emprendedoras y luchadoras, las latinas se han introducido en todos los campos de la vida del país: en la política, en la academia y con algo más de fuerza en los negocios, donde se dice que constituyen el grupo de mayor crecimiento en los últimos años.

## Trabajadoras y empresarias

Atrás queda la imagen de la mujer latina ama de casa y alejada del mundo laboral. Las hispanas han entrado con fuerza en el mercado. Se calcula que las trabajadoras hispanas van a representar muy pronto el 28,8% del total de las mujeres trabajadoras en Estados Unidos.

La proporción de mujeres hispanas en altos cargos de gerencia es muy superior a la de los hombres latinos (22%, frente al 14%), como lo es también el número de mujeres hispanas que son propietarias de nuevos negocios (las empresas de latinas contribuyen con más de 40.000 millones de dólares a la economía estadounidense).

Sin embargo, no todo es color de rosa para las hispanas. La gran mayoría de las trabajadoras latinas ganan mucho menos que el resto de las mujeres (el 71,7% de lo que ganan las mujeres anglosajonas). Las hispanas con una licenciatura universitaria ganan un promedio de 38.000 dólares, mientras que las anglosajonas ganan 42.000. Además, el 39% de las latinas no tiene seguro médico provisto por su trabajo, frente al 31% del resto de las mujeres trabajadoras.

## ¿Y la educación?

Es quizás el mundo académico el que deja más que desear. Es aquí donde las estadísticas muestran un fuerte desfase entre la mujer latina y el resto de las estadounidenses. A pesar de esta fuerte representación en el mercado laboral en general y en la clase profesional en particular, las latinas no están a la par en la formación académica.

De acuerdo con cifras del Departamento de Educación de Estados Unidos, mientras el 24% de las mujeres no hispanas ha estudiado al menos cuatro años, tan sólo el 10% de las hispanas lo ha hecho. Si hablamos de política, lo cierto es que cada vez es más natural encontrar apellidos latinos entre los representantes políticos. Y tampoco es extraño que esos apellidos sean de mujeres.

Además, el interés por la política ha dejado de ser patrimonio exclusivo del hombre. Según informa el diario *La Prensa* de San Diego, la participación de las hispanas en el proceso democrático es una tendencia al alza en todo el país. Una investigación reciente de Hispanic Opinion Tracker muestra que el 75% de las latinas ha votado en las últimas elecciones, frente al 68% de los hombres hispanos.

De acuerdo con la National Women´s Alliance, las latinas son predominantemente demócratas y simpatizan más con ese partido que los hombres latinos (el 58% de las mujeres frente al 48% de los hombres).

La situación laboral, económica y la representación política de las latinas no han hecho sino mejorar en las últimas décadas. Y aunque es cierto que el camino por recorrer para alcanzar los niveles de formación académica, renta y participación política del resto de las estadounidenses es largo, la tendencia es de sólido crecimiento.

Adaptado de *Univisión Online*

**2** Apoyándote en el texto, establece una lista de éxitos y dificultades de las mujeres latinas en Estados Unidos.

**3** ¿Ves alguna diferencia entre la situación de las mujeres latinas en Estados Unidos y la situación de las mujeres en tu país? Coméntalo con tus compañeros de clase.

# EL RINCÓN GRAMATICAL

## PRESENTE DE SUBJUNTIVO:

Observa estas frases del diálogo:

¿Quieres que alguien **invierta** en una lavandería de carros?

No creo que todo **tenga** que ver con tu posición económica o social.

Quiero que me **digas**…

Quizás también **propongamos**…

| con diptongo | | verbos en –ir | | | con irregularidad de 1ª persona | | |
|---|---|---|---|---|---|---|---|
| pensar | volver | sentir | pedir | dormir | tener | decir | conocer |
| piense | vuelva | sienta | pida | duerma | tenga | diga | conozca |
| pienses | vuelvas | sientas | pidas | duermas | tengas | digas | conozcas |
| piense | vuelva | sienta | pida | duerma | tenga | diga | conozca |
| pensemos | volvamos | sintamos | pidamos | durmamos | tengamos | digamos | conozcamos |
| penséis | volváis | sintáis | pidáis | durmáis | tengáis | digáis | conozcáis |
| piensen | vuelvan | sientan | pidan | duerman | tengan | digan | conozcan |

## PRESENTE DE SUBJUNTIVO: VERBOS REGULARES

| estar | dar |
|---|---|
| esté | dé |
| estés | des |
| esté | dé |
| estemos | demos |
| estéis | deis |
| estén | den |

## PRESENTE DE SUBJUNTIVO: VERBOS IRREGULARES

Observa estas frases del diálogo:

¿Quieres que yo **sea** tu socio?     Quiero que **haya** un par de máquinas.

No me parece que ellos **vayan** a meterse conmigo en un negocio.

| haber | saber | ser | ir |
|---|---|---|---|
| haya | sepa | sea | vaya |
| hayas | sepas | seas | vayas |
| haya | sepa | sea | vaya |
| hayamos | sepamos | seamos | vayamos |
| hayáis | sepáis | seáis | vayáis |
| hayan | sepan | sean | vayan |

## IMPERATIVO: VERBOS IRREGULARES

Observa estas formas:

*Piénsalo*          *Pídeselo*               *Sal* a las calles          *hazlo*

| con diptongo | | verbos en –ir | | | con irregularidad de 2ª persona (tú) | |
|---|---|---|---|---|---|---|
| pensar | volver | sentir | pedir | dormir | decir | di |
| piensa | vuelve | siente | pide | duerme | hacer | haz |
| piense | vuelva | sienta | pida | duerma | poner | pon |
| pensemos | volvamos | sintamos | pidamos | durmamos | salir | sal |
| pensad | volved | sentid | pedid | dormid | ser | sé |
| piensen | vuelvan | sientan | pidan | duerman | tener | ten |
| | | | | | venir | ven |

## MODIFICACIONES ORTOGRÁFICAS

Observa estas frases del diálogo:

*No lo* **niegues**.            *Tal vez los* **convenzas**.

| | | | | | |
|---|---|---|---|---|---|
| c + e > qu | **fabricar:** fabri**ca** ≠ fabri**que** | c + o / a > z | **ejercer:** ejer**zo** – ejer**za** ≠ ejer**ce** | | |
| g + e > gu | **llegar:** lle**ga** ≠ lle**gue** | g + o / a > j | **coger:** co**jo** – co**ja** ≠ co**ge** | | |
| z + e > c | **lanzar:** lan**za** ≠ lan**ce** | gu + o / a > g | **seguir:** si**go** – si**ga** ≠ si**gue** | | |

## PRONOMBRES PERSONALES CON EL IMPERATIVO

Observa estas formas:

| | | |
|---|---|---|
| piéns**alo** | haz**lo** | píde**selo** |
| entendá**monos** | no **lo** niegues | no **nos** engañemos |

| Imperativo afirmativo | Imperativo negativo |
|---|---|
| ve**te**; váya**se**; id**os** | no **te** vayas; no **se** vaya; no **os** vayáis |
| haz**lo**; hága**lo**; hagámos**lo** | no **lo** hagas; no **lo** haga; no **lo** hagamos |
| da**les**; dá**selos** | no **les** des consejos; no **se los** des |

| Verbos reflexivos: | levantarse |
|---|---|
| levánt**ate** | no **te** levantes |
| levánt**ese** | no **se** levante |
| levant**émonos** | no **nos** levantemos |
| levant**aos** | no **os** levantéis |
| levánt**ense** | no **se** levanten |

**Recuerda:** pérdida de la **s** en la 1ª persona del plural y de la **d** en la 2ª persona del plural (*levantémonos, levantaos*).

Dáselo mañana a Víctor, por favor

## ADVERBIOS DE MODO

Observa estas frases del diálogo:

***Recientemente*** *han abierto una sucursal.*
*Yo* ***únicamente*** *me voy a encargar de la administración.*

Se añade **–mente** a la forma **femenina** del adjetivo o al adjetivo invariable.

**Observación:** Cuando hay adverbios coordinados sólo el último lleva el sufijo **–mente**:

*Trabajan rápid**a** y seria**mente**.*

## ¡CUIDADO!
Observa estas frases del diálogo:

**Frases condicionales:**

*Si* **perteneces** *a una familia rica,* **tienes** *más oportunidades para crear una empresa.*                 Si + presente de indicativo **+ presente de indicativo**

*Si ya* **somos** *dos,* **va a ser** *más fácil encontrar un tercero que tenga capital.*                 Si + presente de indicativo **+ ir a + infinitivo**

*Si* **quieres** *comprobarlo,* **hazlo**.                 Si + presente de indicativo **+ imperativo**

# ¿Y después de los estudios?

## SENTEMOS BASES

### a Empresas de renombre

**1** Anécdotas y leyendas que circulan en el mundo de los negocios. Léelas y complétalas conjugando los verbos entre paréntesis en el pasado adecuado (pretérito imperfecto, indefinido o pluscuamperfecto).

Se dice que el diseñador de la botella clásica de Coca Cola (inspirarse) [1] _____ en las curvas de Marilyn Monroe. Falso. En realidad (ser) [2] _____ el fruto de un concurso de ideas celebrado en 1915, cuando Coca Cola (decidir) [3] _____ vender la bebida embotellada. Antes (venderse) [4] _____ de grifo. Dicen que el ganador (diseñar) [5] _____ a partir de un grano de cacao porque (creer) [6] _____ que coca (tener) [7] _____ algo que ver con cacao.

El invento del Post-it (ser) [8] _____ una casualidad casi divina. Art Fry, un químico de 3M, (cantar) [9] _____ los domingos en el coro de su iglesia. Para separar las páginas del libro de salmos (utilizar) [10] _____ pedacitos de papel que, al abrir el libro, siempre (acabar) [11] _____ por el suelo. Y un día (llegar) [12] _____ la inspiración. (Acordarse) [13] _____ de que Spencer Silver, un compañero de 3M, (inventar) [14] _____ años atrás un pegamento tan flojo que no (servir) [15] _____ para pegar y (ser) [16] _____ desechado por 3M. Sin embargo, (despegarse) [17] _____ con facilidad, sin dañar el papel y sin dejar restos. Fry (tener) [18] _____ la idea de aplicarlo a esos papelitos separadores y hacerlos autoadhesivos. El invento (resultar) [19] _____ ideal para separar las páginas y escribir notas.

Un producto genuinamente americano es la *Barbie*, la esbelta muñeca de melena rubia. La (crear) [20] _____ Elliot Handler, fundador de Mattel, la empresa que fabrica las muñecas. Su esposa Ruth le (inspirar) [21] _____ los toques femeninos. Pero la muñeca (necesitar) [22] _____ un nombre y (tomar) [23] _____ la decisión de ponerle el nombre de su hija. Luego, para seguir con la familia, al novio de la *Barbie* lo (llamar) [24] _____ *Kent*, el nombre de su hijo. Cursi o no, la *Barbie* (tener) [25] _____ mucho éxito hasta convertirse en un fenómeno de masas: ¡se compra una cada dos segundos!

Tomado de *Emprendedores*

**2** Una historia con mucho sabor. Aquí tenéis las fechas e imágenes que resumen la historia de Danone desde su fundación. Con la ayuda de la grabación, relatad oralmente o por escrito esta historia.

PISTA **43**

En 1919...

En 1923...

Metchnikof: Premio Nobel de Medicina

El mismo año...

En 1939...

Simultáneamente...

DANONE =DAN+ONE

En 1931...

Poco después...

En 1949...

Tres años después...

En los años 60...

En 1955...

En 1985...

Hoy...

Paris

En 1994...

En esta década...

`92    `98

**3**  ¿Se te ocurren anécdotas por el estilo? Cuéntaselas a la clase.

# b ¿Cómo responder a una oferta de empleo?

## 1 El currículum vitae.

CONSEJOS PRÁCTICOS: El CV debe ser claro, veraz y conciso (1 o 2 folios).

**Objetivo profesional:**
Es un párrafo obligatorio para una solicitud de empleo. Bastan algunas líneas para convencer a una empresa de que eres un excelente candidato y que reúnes todos los requisitos para el puesto solicitado.

**Experiencia profesional:**
Este apartado precede al de formación cuando el candidato cuenta con una trayectoria profesional de al menos tres años.
Enumera los datos en orden cronológico empezando por el más reciente. Utiliza frases cortas para especificar en este orden: las fechas (de entrada y de salida) en las que has trabajado en una empresa, el nombre de la compañía, el sector al que pertenece, el cargo exacto y una breve descripción de tus funciones en el puesto.

### CURRÍCULUM VITAE

**Datos personales:**
- Nombre: **Miguel RUBIO MARTÍNEZ**
- Edad: 30 años
- Nacionalidad: española
- Estado civil: casado, 1 hijo
- Tel.: 91 378 00 00 (oficina); 609 01 00 14 (móvil)
- miguelrubiom@yahoo.es

**Objetivo profesional:**
Ocupar el puesto de Director de Márketing de SONY ERICSSON para España y Portugal. Para ello aporto una experiencia profesional en empresas de distintos sectores, dominio absoluto del inglés y habilidad para la gestión de equipos.

**Experiencia profesional:**
May. 2004 – sep. 2007:
Empresa: MULTICANAL TPS. Sector: Producción de canales temáticos. Cargo: Director de Márketing para España y Portugal. Descripción del puesto: Elaboración del plan estratégico de márketing, posicionamiento de canales y creación y desarrollo de su imagen corporativa.
Sep. 1999 – abr. 2004:
Empresa: SUCHARD IBERIA. Sector: Alimentación. Cargo: Manager y Jefe de Producto. Descripción del puesto: Gestión de la gama de chocolates y productos infantiles; desarrollo y lanzamiento de varios productos.

**Prácticas profesionales:**
Sep. 1998 – jul. 1999:
Universidad de Saint Louis, Missouri, EE UU. Departamento de matrículas.

**Formación académica:**
Sep. 1995 – jul. 1998:
Licenciado en Ciencias Empresariales por la Universidad de Saint Louis, Missouri, EE.UU.

**Cursillos:**
Curso: Instore Merchandising. Escuela: IESE. Madrid.
Curso: Gestión del tiempo. Escuela: Time System. Madrid.

**Idiomas:**
Inglés: Bilingüe. Cuatro años de carrera universitaria y prácticas en Estados Unidos. Toefl: 610 puntos.

**Datos complementarios:**
Referencias disponibles bajo petición.
Disponibilidad para viajar y cambiar de residencia.

**Datos personales:**
Tu nombre y apellido(s) en negrita o con un cuerpo de letra un poco más grande que el resto.
Indica tu edad o fecha de nacimiento y tu nacionalidad. El estado civil no es imprescindible.
En cambio, es importante indicar al menos dos teléfonos de contacto y el correo electrónico.

**Prácticas profesionales/laborales:**
Las compañías valoran mucho que los candidatos jóvenes hayan trabajado durante y/o después de estudiar la carrera, especialmente en el extranjero.

**Formación académica:**
Indica tus estudios universitarios y los de postgrado, con las fechas de inicio y de finalización, el nombre del centro y su lugar.

**Cursillos:**
Indica los cursos relacionados con la oferta de empleo, precisando el título del curso y el nombre del centro. Las fechas no son imprescindibles.

**Idiomas:**
Existen cuatro niveles de idiomas:
1. Bilingüe o nivel nativo; 2. Nivel superior o muy correcto (hablado y escrito); 3. Nivel medio o correcto (hablado y escrito); 4. Conocimientos o nociones para los principiantes.

**Datos complementarios:**
En este apartado puedes incluir datos importantes y/o actividades realizadas fuera del trabajo, siempre que sean diferentes e interesantes.

## 2 La carta de presentación. (Elena Gómez Troya responde al anuncio que figura en la página 63 del cuaderno.)

**Destinatario:** empresa o persona con su dirección: cuando se conoce el nombre de la persona se puede añadir Don / Doña:
Sr. D. Luis García
Sra. D.ª Isabel Pérez,
si no: Señor / Sr. García
Señora / Sra. Pérez

**Referencia del anuncio**

**Saludo:** las fórmulas difieren en el caso de
• una carta dirigida a una empresa:
  Señor(es):
  Estimado(s) Señor(es):
  Muy Sr. / Sres. mío(s):
• una carta dirigida a una persona:
  Señor/a Lorente:
  o Sr. / Sra. Lorente:
  Estimado/a Señor/a.
  Lorente:
  Distinguido/a Señor/a
  Lorente:
¡Fíjate! En todos los casos el saludo termina con dos puntos.

**Segundo párrafo:** habla de ti, de lo que sabes hacer y puedes ofrecer. Haz énfasis en tus capacidades, en lo que puedes darle a la compañía y los motivos para solicitar el puesto, y no sólo en lo que esperas de la empresa.

**Remitente:** indica tu nombre completo y tu dirección + opcionalmente tu correo electrónico y / o tu teléfono.

**Fecha:** indistintamente a la izquierda o a la derecha.

**Primer párrafo:** habla de la empresa, especifica el trabajo que solicitas y precisa el origen de tu solicitud, por ejemplo, un foro de empleo para estudiantes, un anuncio en el periódico, un empleado, etc.

**Tercer párrafo:** solicita una entrevista o una llamada, o ponte a la disposición del destinatario diciendo que quedas a su entera disposición para cualquier aclaración que necesite.

**Firma:** puede escribirse o no el nombre debajo de la firma.

**Despedida:** otras fórmulas:
Atentamente,
Muy atentamente,
Reciba(n) un atento saludo.

**Anexo**

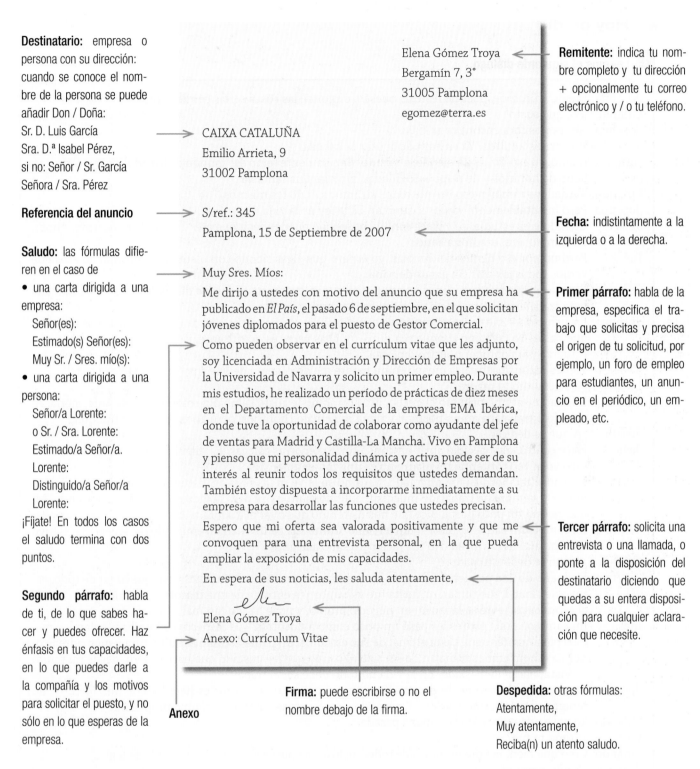

Elena Gómez Troya
Bergamín 7, 3°
31005 Pamplona
egomez@terra.es

CAIXA CATALUÑA
Emilio Arrieta, 9
31002 Pamplona

S/ref.: 345
Pamplona, 15 de Septiembre de 2007

Muy Sres. Míos:

Me dirijo a ustedes con motivo del anuncio que su empresa ha publicado en *El País*, el pasado 6 de septiembre, en el que solicitan jóvenes diplomados para el puesto de Gestor Comercial.

Como pueden observar en el currículum vitae que les adjunto, soy licenciada en Administración y Dirección de Empresas por la Universidad de Navarra y solicito un primer empleo. Durante mis estudios, he realizado un período de prácticas de diez meses en el Departamento Comercial de la empresa EMA Ibérica, donde tuve la oportunidad de colaborar como ayudante del jefe de ventas para Madrid y Castilla-La Mancha. Vivo en Pamplona y pienso que mi personalidad dinámica y activa puede ser de su interés al reunir todos los requisitos que ustedes demandan. También estoy dispuesta a incorporarme inmediatamente a su empresa para desarrollar las funciones que ustedes precisan.

Espero que mi oferta sea valorada positivamente y que me convoquen para una entrevista personal, en la que pueda ampliar la exposición de mis capacidades.

En espera de sus noticias, les saluda atentamente,

Elena Gómez Troya
Anexo: Currículum Vitae

Fuente: Fundación Universidad-Empresa

## 3 Ahora, redacta tu propio currículum vitae y tu carta de petición de empleo.

# ANALICEMOS Y PRACTIQUEMOS

## Hoy en dí@

**1** **Leamos el siguiente diálogo.**

Josefina: Bueno chicos, después de festejar nuestro diploma, las cosas serias comienzan.

Orlando: ¡Ay, qué susto!

Josefina: Ahora nos toca encontrar trabajo.

Javier: Volvernos adultos. Ya es hora de sentar la cabeza.

Inés: Bueno, yo espero seguir siendo la misma, sinceramente temo ese mundo de los adultos tan serio, tan lleno de horarios y de responsabilidades, sin ninguna fantasía.

Orlando: Verdad, yo también espero que todos sigamos siendo los mismos.

Josefina: Pero inevitablemente vamos a cambiar. Es la ley de la vida.

Javier: Cuando eres estudiante y vives con tus padres no puedes decir que eres dueño de tu destino. Ahora, en cambio, empezamos a serlo.

Inés: Pero no por eso hemos de cambiar, yo espero que sigas siendo como eres y no un tipo de esos que vemos todos los días sin ganas de nada.

Orlando: Pero la realidad es la realidad, cuando tienes que levantarte todos los días a las siete de la mañana para trabajar sin parar hasta las siete, eso te cambia la vida.

Josefina: Escuchándoos me da la impresión de que el trabajo es una tortura, un mal por el cual todos tenemos que pasar. Yo creo que aunque sea duro, muchas veces es gratificante, si no, no tenía sentido tanto esfuerzo para obtener nuestro diploma.

Javier: Tienes razón Josefina, si pienso en mi madre me doy cuenta de que a pesar de todo ella es feliz.

Inés: ¿Qué estudió tu madre?

Javier: Mi madre estudió primero Derecho, pero como no le gustó cambió de carrera e hizo Enfermería. Al principio trabajaba en un hospital y tenía muy malos horarios, pero ahora está más tranquila.

Josefina: ¿A qué se dedica?

Javier: Hace cuatro años decidió abrir un consultorio con otras colegas. Es difícil pero les va bien. En todo caso yo la veo contenta, mi madre no es una mujer amargada.

Orlando: Mi padre tampoco es un amargado, pero no se le ve ni las narices. Estudió administración de empresas y siempre ha trabajado muchísimo. Es consultor y se pasa la vida en la oficina o viajando. Mi madre está un poco harta, dice que nos ha tenido que criar ella solita.

Josefina: En cambio mi padre no fue a la universidad. Como sus padres habían emigrado de Argentina, él tuvo que trabajar desde joven. No fue fácil pero salió adelante.

Orlando: ¿A qué se dedica tu padre?

Josefina: Es dueño de una pequeña cadena de lavanderías automáticas. Pero antes tuvo que hacer de todo, estuvo de albañil, fue camarero, hasta fue vigilante a la entrada de una discoteca. Cuando pudo reunir el capital suficiente se lanzó en un negocio propio, y no le ha ido tan mal.

Inés: En cambio, a mis padres les pasó un poco como a nosotros, sus respectivas familias tenían los medios para mantenerlos hasta el final de sus estudios. Mi padre estudió Arquitectura y mi madre Economía, ahora ambos trabajan de sol a sol. Yo creo que les gusta lo que hacen, pero, desde mi punto de vista, hacen demasiado. En la vida no todo debe ser el trabajo.

Josefina: Eso es verdad, pero he de deciros que como ninguno de nosotros es heredero de una fortuna, no tenemos otra alternativa. Ahora, pasando a cosas serias, ¿ya tenéis alguna propuesta?

Orlando: Yo pasé una entrevista la semana pasada.

Inés: ¿Cómo te fue?

Orlando: Creo que bien, me preguntaron de todo. Incluso me pusieron a descifrar juegos de lógica.

Javier: ¿Supiste responder?

Orlando: Creo que sí. Escuchad éste: Miguel y María tienen veintiún euros entre los dos. Miguel tiene veinte euros más que María. ¿Cuántos euros tiene cada uno? A ver, ¿quién me da la respuesta?

Javier: Lógico, Miguel tiene veinte y María uno.

Orlando: Pues esa no es la respuesta. Pensad un poquito más. Ahora ya no sólo te preguntan sobre tus motivaciones, tus cualidades y defectos; hay que estar preparados para cualquier sorpresa.

Javier: Yo tengo una entrevista mañana. ¿Me ayudáis a prepararla?

**2** Y según tú, ¿cuántos euros tienen Miguel y María?

**3** Responde a las siguientes preguntas.

¿Por qué para Josefina las cosas serias comienzan después de los estudios?

¿Por qué teme Inés el mundo de los adultos?

¿Por qué Orlando cree que la vida cambia con el trabajo?

¿Por qué, según Javier, ahora van a ser dueños de sus destinos?

**4** Y tú, ¿qué opinas de estos puntos de vista? Coméntalo con tus compañeros de clase.

**5** Escribe con tus palabras la historia de los padres de cada uno de estos amigos.

| Orlando | Josefina | Javier | Inés |
|---|---|---|---|
|  |  |  |  |

**6** Ahora, cuenta la vida de uno de tus padres o de alguien que conozcas a tus compañeros.

# b Preparando una entrevista

**1** Escucha estos 10 consejos de la consultora Accenture para preparar una entrevista y resúmelos.

PISTA **44**

1. _____
2. _____
3. _____
4. _____
5. _____
6. _____
7. _____
8. _____
9. _____
10. _____

¿Qué otros consejos puedes darles a tus compañeros?

**2** Prepara con tus compañeros una lista de preguntas posibles durante una entrevista.

## La búsqueda de talento hoy en dí@

1 Lee este texto.

**Microsoft** es una de las referencias mundiales en búsqueda y, sobre todo, potenciación del talento. La firma cuenta con clubes que fomentan el aprendizaje, becas y programas que llevan a jóvenes profesionales con potencial a conocer los distintos departamentos de la compañía, a la vez que reciben una formación internacional. Pero no es la única.

Para captar y retener el talento, **Banesto** está diseñando auténticos planes estratégicos y ha invertido 1,6 millones de euros en un programa de incorporación y retención de jóvenes con alto potencial.

Buscar las *joyas de la corona* es una tarea ardua. Las bolsas de trabajo y los anuncios en prensa son sólo el punto de partida. Porque, al contrario de lo que pueda pensarse, un buen expediente académico no es sinónimo automático de talento. "Las calificaciones sólo aseguran que esa persona es buena haciendo exámenes. La validez del talento depende de la manera en que ese empleado encaja con la forma de resolver los problemas dentro de cada compañía", afirma Ceferí Soler, director del departamento de Dirección de Recursos Humanos de la escuela de negocios Esade.

La necesidad de comprobar de antemano si el talento va a compaginar con la cultura empresarial hace agudizar el ingenio en los procesos de selección. Porque aquí lo que hay que evaluar va más allá del conocimiento, y se centra en la persona. La consultora **McKinsey** aborda esa parte de las entrevistas de trabajo invitando a un reducido grupo de candidatos europeos a un viaje de tres o cuatro días en el que se combina una agenda profesional y social. "Así nos conocemos mejor mutuamente sobre el terreno", dicen en la firma. Ese tipo de iniciativas empieza a marcar tendencia, a riesgo de que buscar empleo se parezca a un concurso de convivencia.

**Talento joven**

Otra táctica para dar con los valores adecuados es identificarlos cuanto antes. Por eso "se va cada vez más abajo en la carrera universitaria para detectar el talento", afirma Cristina Simón, directora del área de Recursos Humanos del Instituto de Empresa. Rebuscar a fondo en el mundo universitario es el objetivo de empresas como **Hewlett-Packard (HP)**, **IBM** o Microsoft. Las tres destinan importantes recursos en organizar seminarios y acuerdos de becas con las instituciones de enseñanza. **HP España**, por ejemplo, inició hace tres años un programa por el que invierte 8.000 euros por participante en la formación de becarios cada verano.

Pero en el ámbito universitario, lo que pega con fuerza son los concursos o *business games*. La empresa que los organiza no suele estar obligada a dar prácticas o contratar a los ganadores, pero es un buen escaparate de gente con potencial a la que recurrir. El grupo francés de cosmética **L'Oréal** ya es un experto en este tipo de iniciativas. En España, la mitad del presupuesto anual de reclutamiento se destina al desarrollo de dos concursos: uno *online* de estrategia para gestionar integralmente una compañía virtual del sector cosmético, y otro presencial, centrado en el área del márketing. El 10% de las contrataciones del año pasado salieron de alguno de estos concursos, que tienen dimensión internacional.

Iniciativas similares para poner a competir a los aspirantes a entrar en plantilla también existen en la consultora **Accenture**, la caja de ahorros valenciana **Bancaja**, **IBM** o el buscador **Google**. Ahora bien, como dice Pablo Urquijo, director de la empresa de selección **Michael Page**: "En la búsqueda del talento no hay fórmulas mágicas".

Adaptado de *Actualidad Económica*

**2** **Di si estas afirmaciones son verdaderas o falsas.**

| | V | F |
|---|---|---|
| 1. Para potenciar el talento, Microsoft promueve el aprendizaje de jóvenes profesionales. | ☐ | ☐ |
| 2. Para muchas empresas, detectar el talento todavía no es un tema de gran importancia. | ☐ | ☐ |
| 3. Banesto invierte para encontrar a sus mejores empleados. | ☐ | ☐ |
| 4. Según Ceferí Soler, las calificaciones indican forzosamente el talento de un candidato. | ☐ | ☐ |
| 5. Las empresas no necesitan que el candidato esté de acuerdo con su cultura empresarial. | ☐ | ☐ |
| 6. El objetivo del viaje organizado por la consultora McKinsey es de tomarse unas vacaciones. | ☐ | ☐ |
| 7. No es válido buscar el talento en los cursos inferiores de la carrera universitaria. | ☐ | ☐ |
| 8. Ciertas empresas invierten en programas de formación con estudiantes universitarios. | ☐ | ☐ |
| 9. L'Oreal destina la mitad de su presupuesto anual de reclutamiento en organizar concursos. | ☐ | ☐ |
| 10. Según Michael Page, no hay fórmulas mágicas para buscar el talento. | ☐ | ☐ |

**3** **¿Cuáles son las diferentes estrategias que utilizan estas firmas para reconocer el talento de sus empleados o de sus candidatos potenciales?**

| Microsoft | McKinsey |
|---|---|
| | |

| Banesto | L´Oréal |
|---|---|
| | |

**4** **¿Con cuál de estos comentarios estás o no de acuerdo? Coméntalo con tus compañeros.**

- La validez del talento no sólo depende de las calificaciones universitarias.
- Para mí, los concursos no son un buen método para determinar el talento. Sirven solamente para medir tu suerte.
- A mí me parece incómodo encerrarme en un hotel con las personas con las cuales compito para un puesto.
- Lo que quiere Microsoft es asistencia técnica gratuita, que les des tus ideas y tu talento por nada.
- "En la búsqueda de talento no hay fórmulas mágicas."

**5** **Según tu opinión, ¿cuáles son los mejores métodos para contratar a un empleado? Explícalo.**

# CREEMOS Y NEGOCIEMOS

## ¿En qué empresa quieres trabajar?

**1** Lee las opiniones de estos jóvenes. ¿Con cuál de ellas te identificas? Compara tu respuesta con la de tus compañeros.

Yo quiero trabajar en una empresa que respete el medio ambiente. Actualmente estamos viviendo cambios atmosféricos sin precedentes, nos estamos dando cuenta de que nuestros recursos naturales no son eternos. Me parece importante que las empresas tengan una política responsable con el medio ambiente. Yo quiero trabajar en una empresa que tenga una ética irreprochable, mis valores deben corresponder con sus valores para sentirme a gusto.

Gloria Suárez

Yo quiero trabajar en una empresa líder en su sector. Para mí es importante trabajar en un lugar en donde exista mucha presión, en donde cada día que pase haya que mostrar todo su talento y su capacidad de trabajo, en donde los retos sean de alto nivel. A mí me parece muy importante tener ambición, ganas de triunfar, si no, no me voy a sentir motivado. Me parece indispensable para sentirme bien en el mundo del trabajo.

Patricio Abad

He estudiado mucho para obtener mi titulación y ahora quiero que estos esfuerzos sean recompensados como se debe. Siempre he dicho que voy a trabajar en una empresa en donde me paguen bien, no voy a aceptar la primera oferta, voy a escoger la empresa según la remuneración que me propongan. Además, es importante un buen salario al comienzo para empezar tu carrera, después la evolución salarial es más fácil.

Julia Correa

Lo más importante para mí en el momento de escoger mi empresa va a ser su carácter internacional. Hablo varias lenguas y siempre me ha gustado viajar. Mi intención es descubrir otras culturas, otras formas de organización y eso quiero hacerlo con la empresa en la cual voy a trabajar. En el mundo actual, globalizado, debemos promover la muticulturalidad. La diversidad de la plantilla va a ser para mí un criterio importante en el momento de elegir mi empresa.

Miguel Calle

**2** Establece con tus compañeros una lista de las cualidades que debe tener una empresa para que os atraiga en el momento de buscar un empleo.

# b Un proceso de selección de personal

## 1 ¿Estáis listos para trabajar?

PISTA 45

Tenéis la formación adecuada, habéis obtenido vuestro diploma y ya es hora de pasar de las aulas al mundo laboral. Ha llegado el día de competir con otros candidatos para un mismo puesto de trabajo. Es el momento de saber si tenéis el talento para asumir un cargo de responsabilidad en una firma. Pero antes, hemos decidido poneros a prueba. Vais a participar en una simulación de contratación. Dependiendo del número de participantes, un grupo va a desempeñar el papel de cazatalentos; los otros, de candidatos.

---

### Primera parte

a) **Los cazatalentos** escogen una empresa española o latinoamericana (Iberia, Inditex, Banco Santander, PEMEX, Inca Kola...). Buscan información sobre esta empresa en Internet y preparan una presentación para la clase, así como un anuncio que corresponda al perfil de sus compañeros. En una fecha determinada hacen la presentación y muestran el anuncio a la clase.

b) Después de escuchar la presentación y de mirar el anuncio, los **candidatos** adaptan su currículo y carta de presentación. Entregan estos documentos a los cazatalentos, quienes van a analizarlos y a realizar una primera selección.

### Segunda parte

**Instrucciones únicamente para los cazatalentos.** En un primer tiempo, vosotros vais a medir el talento de vuestros compañeros. ¿Cómo? Escuchad la grabación para saberlo.

### Tercera parte

Ahora, **los cazatalentos** organizan entrevistas individuales. Cada **candidato** debe pasar una entrevista de diez minutos con uno de los cazatalentos. Esta parte puede ser filmada para permitir un análisis posterior de la prestación de los cazatalentos y de los candidatos.

### Cuarta parte

**Los cazatalentos** se reúnen y después de analizar todos los resultados escogen al mejor candidato o candidata para el puesto y lo anuncian a la clase explicando las razones que han motivado su elección.

---

Ahora, estáis listos para un proceso de contratación. ¡Felicitaciones!

# CADA DÍ@ MÁS

## De América al resto del mundo

**1** Lee este texto.

Generalmente, hay conocimiento sobre las transformaciones político-económicas que generó el Descubrimiento de América en el mundo occidental y se conocen las principales contribuciones europeas al Nuevo Mundo. En cambio, se ha insistido muy poco sobre los aportes de los aborígenes americanos a la cultura universal. Es más, en muchos casos los historiadores presentan una imagen distorsionada sobre el impacto que han causado los americanos autóctonos. Muchos consideran que tan sólo han contribuido al mestizaje biológico, del cual es producto el poblador moderno y a veces admiten que los indígenas han imprimido rasgos secundarios, como su artesanía y su folklore, a la cultura occidental. La verdad es muy distinta, y donde tal vez se ha sentido con mayor fuerza la contribución indígena es en el número y en la variedad de plantas útiles que han aportado al resto de la humanidad, ya que el indio americano cultivó desde tiempos remotos algunas de las plantas alimenticias más importantes del mundo.

Las principales plantas alimenticias que cultivaban los indígenas americanos antes de la llegada de Colón son: el maíz, la papa (llamada patata en España), la yuca, la batata, varios tipos de frijoles; diversas cucurbitáceas como el apio, el cacao, el ají dulce y picante o chile, el maní, el tomate; y muchos frutos como el aguacate, la piña, la papaya, la guayaba, la guanábana, la chirimoya, para citar los más conocidos en el mercado urbano.

Entre las plantas medicinales que ha aportado el indígena americano a la farmacopea universal se destacan la quina y la coca. Entre las plantas estimulantes aportadas, nadie desconoce el impacto del tabaco; también cabe destacar la yerba mate y la vainilla entre muchas otras.

Pocas actividades industriales modernas se pueden concebir sin la presencia de las plantas americanas como el algodón y el caucho. Algunas plantas como el añil o índigo, actualmente en decadencia, tuvieron gran importancia durante la Colonia para teñir telas.

Ciertamente, muchos de los alimentos americanos han sido totalmente adoptados por los europeos y hoy en día no nos podemos imaginar su dieta antes de los viajes de Colón. ¿Qué puede ser ahora un plato mediterráneo sin los ajíes? ¿Quién se puede imaginar a un chef italiano o francés sin tomates? ¿O a un alemán sin sus variados platos a base de la papa?

En el campo intelectual también dieron los aborígenes americanos muchos aportes al mundo. Los antiguos mayas poseían conocimientos astronómicos y un sistema cronológico más exacto que el de los antiguos egipcios e igualmente fueron los primeros en adoptar el valor cero en la numeración. Los numerosos restos arqueológicos dan testimonio del alto grado de avance arquitectónico, estético y artístico logrado por los americanos autóctonos. Finalmente, el rico mundo sobrenatural, no mensurable desde el punto de vista de utilidad práctica, expresado en mitos y creencias, del cual son creadores todos los pueblos, se vio fuertemente enriquecido por todos los pueblos del Nuevo Mundo.

Adaptado de http://orbita.starmedia.com/~venezuela10/aportesamer.html

**2** Clasifica los productos de la lista según la categoría a la que pertenecen.

| la papa | el aguacate | la piña | el tomate | la vainilla |
| el maíz | el ají | la coca | la batata | el cacao |
| la guayaba | el maní | la yerba mate | el tabaco | los fríjoles |

| Plantas alimenticias | Plantas cucurbitáceas | Plantas medicinales | Plantas estimulantes | Frutos |
|---|---|---|---|---|
|  |  |  |  |  |

**3** Pon en relación las dos columnas:

| | |
|---|---|
| 1. chocolate | ☐ tabaco |
| 2. cigarrillo | ☐ quina |
| 3. guacamole | ☐ coca |
| 4. chile con carne | ☐ cacao |
| 5. puré | ☐ papa |
| 6. quinina | ☐ maíz |
| 7. droga | ☐ aguacate |
| 8. tortilla | ☐ ají |

**4** Escucha la grabación y completa este cuadro.

PISTA **46**

| | el maíz | la papa | la batata | el cacao |
|---|---|---|---|---|
| 1. Su primera fábrica apareció en Cádiz. |  |  |  |  |
| 2. Rusia es su máximo productor mundial. |  |  |  |  |
| 3. Representa una séptima parte de la alimentación en China. |  |  |  |  |
| 4. Se hizo conocer en la segunda mitad del siglo XVI. |  |  |  |  |
| 5. Era utilizado como moneda. |  |  |  |  |
| 6. Los primeros en adoptarla fueron los irlandeses. |  |  |  |  |
| 7. En Europa se creía que provocaba lepra. |  |  |  |  |
| 8. Es un alimento importante en Indonesia, Japón y China. |  |  |  |  |
| 9. Llegó a España en 1520. |  |  |  |  |
| 10. Es muy resistente a la sequía. |  |  |  |  |

**5** En tu país, ¿cuál o cuáles de estos productos forman la base de la alimentación?

# b La variedad del español

El español es un idioma muy variado y con mucha frecuencia algunos términos difieren de un país a otro. Por ejemplo, en España a la papa la llaman patata; los venezolanos le dicen a la sandía, patilla; el aguacate es conocido en Chile y en otros países como palta; el fríjol o fréjol se conoce en España como judía; a las fresas se las llama en Ecuador frutillas, y en este mismo país al maíz se le dice choclo. En algunos lugares la piña es conocida como ananás. Esto se puede comprobar en muchos otros temas. Averigua con la ayuda de tu profesor o yendo al sitio Internet jergasdehablahispana.com los particularismos del español del país que te interese.

# EL RINCÓN GRAMATICAL

## PRETÉRITO INDEFINIDO

Observa estas frases del diálogo:

*Mi madre **estudió** Derecho, pero como no le **gustó cambió** de carrera.*

*Yo **pasé** una entrevista la semana pasada.*

*Mi padre no **fue** a la universidad.*

*Me **preguntaron** de todo.*

| Verbos regulares | | | Verbos irregulares | |
|---|---|---|---|---|
| **hablar** | **comer** | **vivir** | **ser / ir** | **dar** |
| habl**é** | com**í** | viv**í** | fui | di |
| habl**aste** | com**iste** | viv**iste** | fuiste | diste |
| habl**ó** | com**ió** | viv**ió** | fue | dio |
| habl**amos** | com**imos** | viv**imos** | fuimos | dimos |
| habl**asteis** | com**isteis** | viv**isteis** | fuisteis | disteis |
| habl**aron** | com**ieron** | viv**ieron** | fueron | dieron |

**Observación:** la primera persona del plural de los verbos regulares terminados en –**ar** y en –**ir** es igual en presente y en pretérito indefinido.

## PRETÉRITO INDEFINIDO: VERBOS IRREGULARES

Observa estas frases del diálogo:

*Antes **tuvo** que hacer de todo, **estuvo** de albañil…*

*Cuando **pudo** reunir el capital…*

*Incluso me **pusieron** a descifrar juegos de lógica.* *¿**Supiste** responder?*

| Modelo | Lista de verbos con un cambio radical | |
|---|---|---|
| estuv**e** | andar > **anduv**e | hacer > **hic**e |
| estuv**iste** | haber > **hub**e | querer > **quis**e |
| estuv**o** | poder > **pud**e | venir > **vin**e |
| estuv**imos** | poner > **pus**e | decir > **dij**e |
| estuv**isteis** | saber > **sup**e | traer > **traj**e |
| estuv**ieron** | tener > **tuv**e | conducir > **conduj**e (y los verbos en -**ucir**) |

**Observaciones:**

1. Los cambios afectan al radical del verbo.

2. Las terminaciones son iguales para todos los verbos:
-**e**, -**iste**, -**o**, -**imos**, -**isteis**, -**ieron**

3. Desaparece la **i** detrás de la **jota**: dij**eron** / traj**eron** / produj**eron**

## PRETÉRITO PLUSCUAMPERFECTO

Observa estas frases del diálogo:

*Como sus padres **habían emigrado** de Argentina, él tuvo que trabajar desde muy joven.*

| Imperfecto de haber | + | Participio pasado del verbo | | |
|---|---|---|---|---|
| | | habl**ar** | com**er** | viv**ir** |
| había | | | | |
| habías | | | | |
| había | | habl**ado** | com**ido** | viv**ido** |
| habíamos | | | | |
| habíais | | | | |
| habían | | | | |

## MODIFICACIONES ORTOGRÁFICAS

Observa esta frase del diálogo:

*Mi madre… cambió de carrera e **hizo** enfermería.*

| c + e > qu | sacar: saqué |
|---|---|
| g + e > gu | llegar: llegué |
| z + e > c | empezar: empecé |
| c + o > z | hacer: hizo |

## EL PASADO: USO DE LOS TIEMPOS

Observa estas frases del diálogo:

Al principio **trabajaba** en un hospital y **tenía** muy malos horarios.

Sus respectivas familias **tenían** los medios para mantenerlos hasta el final de sus estudios.

Hace cuatro años **decidió** abrir un consultorio. No **fue** fácil pero **salió** adelante.

Mi padre **estudió** arquitectura y mi madre economía.

Como sus padres **habían emigrado** de Argentina, él tuvo que trabajar desde joven.

**Pretérito imperfecto:**

Expresa una acción habitual o repetida en el pasado o describe situaciones del pasado.

**Pretérito indefinido:**

Expresa una acción acabada en un tiempo también acabado.

**Pretérito pluscuamperfecto:**

Expresa una acción pasada anterior a otra también pasada.

¿Recogiste la ropa que te dejé encima de la mesa?

## ¡CUIDADO!

Observa estas frases del diálogo:

Pero no por eso **hemos de** cambiar.

Eso es verdad, pero **he de** deciros que…

Mi padre estudió arquitectura y mi madre economía. **Ambos** trabajan de sol a sol.

Para expresar una obligación personal: **haber de** + infinitivo = **deber** + infinitivo

**ambos/as** se aplica a dos personas o dos cosas = **los dos** o **las dos**

## EMPLEOS DEL SER Y ESTAR

| Usamos SER para expresar: | | Usamos ESTAR para expresar: | |
|---|---|---|---|
| La identidad, el origen, la nacionalidad, la profesión: | **Soy** Carlos Rodríguez Segura. / **Soy** de Sevilla. / **Soy** español. / **Soy** periodista. | La situación en el lugar y el tiempo: | La oficina **está** en Madrid. / **Está** cerca de la Puerta del Sol. / **Estamos** en primavera. |
| El color, el material, la posesión: | La casa **es** blanca. / La mesa **es** de madera. / Este coche **es** de mi tío. | Un estado resultante de una acción anterior: | María **está** enferma. / Pablo **está** muy contento. / La tienda **está** cerrada. / La puerta **está** abierta. |
| Cualidades que definen a las personas o las cosas: | Carmen **es** muy guapa y muy simpática. / Juan **es** alto. / Mi trabajo **es** interesante. | Una actividad transitoria y la forma continua: | El director **está** de viaje. / Miguel **está** trabajando en su despacho. |
| La impersonalidad: | **Es** aquí donde trabajo. / El día de la fiesta **es** hoy. / **Es** importante tener experiencia. | Con bien / mal / claro: | ¡Gracias! **Está** bien. / No sé si las cosas **están** bien o mal. / Para mí, **está** muy claro. |

# TRANSCRIPCIÓN DE LAS GRABACIONES

## UNIDAD 0
## Vamos a comenzar

### A. ¿Qué decimos? ¿Quiénes somos?

**PISTA 1**          **Actividad 4**

1. ¿Qué significa?
2. ¿Puede repetir?
3. Muchas gracias.
4. Por favor, una pregunta…
5. ¿Cómo se pronuncia?
6. ¿Cómo? No entiendo.
7. ¿Cómo se escribe?
8. ¿Puede deletrear?
9. Más despacio, por favor.
10. Gracias.

### B. ¿Cómo se pronuncia? ¿Cómo se escribe?

**PISTA 2**          **Actividad 1**

**Vocales:**

| | |
|---|---|
| a | Alemania |
| e | Ecuador |
| i | Italia |
| o | Oslo |
| u | Uruguay |

**Consonantes:**

| | | |
|---|---|---|
| **be** | Bilbao | |
| **ce** con a, o, u, sonido k | Caracas | |
| **ce** con e, i, sonido c | Ceuta | |
| **che** | Chile | |
| **de** | Dinamarca | |
| **efe** | Francia | |
| **ge** con a, o u, sonido g | Tegucigalpa | |
| **ge** con grupo ue, ui, sonido g | Guinea | |
| **ge** con e, i, sonido j | Génova | |
| **hache** | Honduras | |
| **jota** | Japón | |
| **ka** | Kenia | |
| **ele** | Lima | |
| **elle** | Sevilla | |
| **eme** | Managua | |
| **ene** | Nicaragua | |
| **eñe** | España | |
| **pe** | Praga | |
| **cu** | Quito | |
| **erre suave** | Europa | |
| **fuerte** | Rusia - Navarra | |
| **ese** | Suecia | |
| **te** | Tarragona | |
| **uve** | Varsovia | |
| **uve doble** | Washington | |
| **equis** | Luxemburgo | |
| **i griega** | Guyana | |
| **zeta** | Zaragoza | |

**PISTA 3**          **Actividad 5**

la playa; la cerveza; la botella; el patio; horrible; el examen; la guerra; innovador; el cine; el hospital; el rey; el chocolate; la antigüedad; occidental; el garaje; la señorita; ignorante; el ingeniero; el centro; el gobierno; la cultura; el compañero; inteligente; la naranja; el amigo; el parque; el vino; la farmacia; el profesor; el agua; mucho.

**PISTA 4**          **Actividad 8**

la patata; el tomate; el médico; el café; vivir; el árbol; el hotel; difícil; el mundo; la lección; la crisis; el volcán; el helicóptero; el jardín; importante; el toro; beber; diferente; la película; el limón; azul; la vaca; el jamón; la razón; el año; la bamba; la silla; la tesis; fácil; el fútbol.

**PISTA 5**          **Actividad 9**

| | | | |
|---|---|---|---|
| cero | cuatro | ocho | doce |
| uno | cinco | nueve | trece |
| dos | seis | diez | catorce |
| tres | siete | once | quince |

### C. ¿Qué es?

**PISTA 6**          **Actividad 1**

1. Susana es enfermera.
2. Miguel es arquitecto.
3. Jorge es ingeniero.
4. Gracia es veterinaria.
5. Guillermo es juez.
6. Isabel es azafata.
7. Elena es periodista.
8. Rafael es taxista.
9. Soledad es abogada.
10. Antonio es albañil.
11. Charo es secretaria.
12. Juan es futbolista.

# UNIDAD 1
## Primeros encuentros

### SENTEMOS BASES
#### A. El mundo de las empresas
PISTA 7          Actividad 3

1. Zara ofrece las últimas tendencias de la moda y forma parte de Inditex, empresa del sector textil.
2. BBVA, Banco Bilbao Vizcaya Argentaria, es uno de los bancos más reconocidos en España y en el mundo.
3. Telefónica es el operador de telecomunicaciones líder en el mundo de habla hispana.
4. El Grupo Dragados es una empresa del sector de la construcción que desarrolla sus actividades en la industria, la vivienda y las infraestructuras de transporte.
5. Repsol es una de las grandes empresas petroleras del mundo, líder en España y Argentina.
6. El Corte Inglés es la cadena más importante de grandes almacenes de España. Pertenece al sector de la distribución.
7. Iberia es la compañía de transporte aéreo líder en España y en los mercados que unen Europa con América Latina.
8. Osborne, empresa representada por la silueta de un toro, es una de las marcas más prestigiosas de vinos de Jerez.
9. Sol Meliá es una cadena de hoteles, líder en el mercado hotelero español, en Latinoamérica y el Caribe.

#### B. Presentaciones
PISTA 8          Actividad 3

**Hans Brandt** ¡Hola! ¡Buenos días! Me llamo Hans Brandt. Soy alemán y soy contable.

**Ana Conde** ¡Hola! ¿Qué tal? Soy Ana Conde. Soy argentina y ayudante de dirección.

**Yukie Sato** ¡Hola! ¡Buenas tardes! Yo me llamo Yukie Sato. Soy japonés y soy ingeniero industrial.

**Diana Clark** ¡Hola! ¡Buenas tardes! Me llamo Diana Clark. Soy directora de ventas y soy canadiense.

**Paola Rossi** ¡Hola! ¿Qué tal? Yo soy Paola Rossi. Soy italiana y vendedora.

**John Smith** ¡Hola! ¡Buenos días! Y yo me llamo John Smith. Soy británico y soy jefe de publicidad.

PISTA 9          Actividad 6

1. Me llamo Elvira Cruz. Soy mexicana. Tengo 32 años. Vivo en Monterrey y soy empleada de banco.
2. Bueno, yo me llamo Pedro Delgado. Soy ecuatoriano. Vivo en Quito y tengo 28 años. Soy arquitecto.
3. ¿Yo? Soy Vicente Serrano Henao. Vivo en Lima. Soy peruano, ¡claro! Soy dentista y tengo 45 años.
4. Y yo soy Nuria Martín Quirós. Tengo 19 años, soy de Almería pero vivo en Barcelona. Soy estudiante.

### ANALICEMOS Y PRACTIQUEMOS
#### B. La familia
PISTA 10          Actividad 1

**Luis** Me llamo Luis Rodríguez. Estoy casado. Mi mujer se llama Pilar y tengo dos hijos, Ignacio y Marta.

**Pilar** Yo soy Pilar Segura. Mi marido es Luis Rodríguez. Tengo un hijo, Ignacio, y una hija, Marta.

**Ignacio** Yo soy Ignacio Rodríguez Segura. Luis Rodríguez es mi padre y Pilar Segura es mi madre. También tengo una hermana, Marta.

**Marta** Me llamo Marta. Mis padres se llaman Luis y Pilar. ¡Ah! Y tengo un hermano que se llama Ignacio.

PISTA 11          Actividad 5

Me llamo Carmen González Aguilar. Soy española, de Santander, pero vivo en Valladolid. Estoy casada y tengo una hija. Se llama Juana. Mi marido se llama Roberto. Es ingeniero. Es jefe de producción en una fábrica de automóviles. Yo soy profesora y trabajo en un instituto. También tengo una hermana. Es secretaria y trabaja en una empresa familiar, una pequeña empresa. Se llama Gloria y es soltera.

# UNIDAD 2
## En la oficina

### SENTEMOS BASES
#### B. En la oficina
PISTA 12          Actividad 3

–Estamos en la recepción. Aquí trabaja Isabel. Si tomas el pasillo, a la derecha están los ascensores y al lado de los ascensores hay una sala de reuniones.

–¿Y dónde está el despacho del director?

–Está enfrente de la sala de reuniones. Junto a su despacho está el despacho de su ayudante, Clara.

–¿Y tu despacho?

–Mi despacho está ahí, en el centro del pasillo. Cerca de mi despacho hay una fotocopiadora.

–Bueno. Y allí, al final del pasillo, ¿qué hay?

–Allí están la cafetería y los lavabos.

PISTA 13          Actividad 5

cincuenta; cincuenta y uno; sesenta; setenta; ochenta; noventa; cien; ciento uno; ciento dos; ciento once; ciento cincuenta; ciento noventa y uno.

### ANALICEMOS Y PRACTIQUEMOS
#### A. Hoy en día
PISTA 14          Actividad 4

Es una actividad consistente en ejercicios físicos que se practica para dar agilidad al cuerpo.

Deporte que consiste en golpear con el palo una pequeña pelota para introducirla en hoyos preparados en el campo.

Es un arte y también un deporte, el de montar a caballo, con sus famosos concursos de salto.

Deporte que consiste en patinar o resbalar, es decir, esquiar sobre la nieve.

Deporte y juego realizado entre dos equipos. Cada equipo trata de meter el balón con las manos en la canasta del equipo contrario.

Deporte que consiste en la navegación en piragua.

### B. Los mandos de la empresa
**PISTA 15      Actividad 6**
Formamos parte de una empresa española del sector de la alimentación. En la empresa hay seis departamentos dirigidos por seis directores. Yo me llamo Ignacio Bravo y soy la persona que dirige todas las actividades de la compañía. Les presento a mis colaboradores:
Fernando Madrid es la persona encargada de controlar las actividades de fabricación.
María Leal planifica y controla las ventas y la distribución de los productos dentro y fuera del país.
Beatriz Catalá dirige las actividades relacionadas con la gestión de personal: la contratación y selección de los empleados, su formación y su remuneración.
Miguel Pérez Domingo es el responsable de la política financiera y de la contabilidad de la compañía.
Pilar Marín tiene la responsabilidad de los servicios administrativos.
Y, por fin, José Luis González, como responsable de la comunicación externa, planifica los estudios de mercado, la publicidad y las campañas de promoción.
Todos contribuimos a la buena marcha de la empresa.

### CADA DÍA MÁS

**PISTA 16      Actividad 2**
Esta catedral de inspiración gótica, símbolo de modernidad, es el edificio más conocido del famoso arquitecto catalán Antonio Gaudí. La Sagrada Familia es el monumento más representativo de Barcelona.

La Giralda, antiguo minarete construido en el siglo XII, es uno de los monumentos más representativos de la arquitectura árabe en España. Hoy, es la torre de la catedral de Sevilla.

*Las Meninas*, pintura de Velázquez, forma parte de las magníficas colecciones de pintores españoles que ofrece el Museo del Prado, una pinacoteca única situada en pleno centro de Madrid.

Palma de Mallorca ofrece una panorámica dominada por yates y palmeras con la catedral de fondo y Mallorca es la isla más grande del archipiélago español situado en el mar Mediterráneo.

Esta catedral es, desde la Edad Media, el destino de todos los peregrinos que emprenden el famoso camino de Santiago de Compostela.

Este museo de arte contemporáneo, construido con titanio, piedra y cristal, es el Museo Guggenheim. Es el monumento más emblemático de la ciudad de Bilbao.

L'hemisfèric es un cine planetario que ofrece películas para viajar por el espacio y conocer los secretos del Universo. Forma parte de La Ciudad de las Artes y las Ciencias, símbolo de modernidad de la Valencia de hoy.

## UNIDAD 3
## El día a día

### SENTEMOS BASES
**B. Un día de trabajo**
**PISTA 17      Acitividad 6**
1; 7.502; 5.189; 6.662; 830; 2.369; 77; 1.940; 3.145; 9.793; 226; 11; 484; 7.988; 70; 618; 806; 4.753; 565; 185, y salida por la puerta "f".

**PISTA 18      Actividad 8**
Yo he inmigrado a España recientemente. En mi país, Ecuador, no existen las estaciones. Aquí es diferente.
En los meses de invierno, diciembre, enero y febrero, tenemos que llevar abrigo, guantes y bufanda porque hace mucho frío. Los árboles han perdido todas las hojas y a veces se cubren de nieve.
En primavera, durante los meses de marzo, abril y mayo, el clima es templado, como en mi ciudad de origen, Quito. Hace sol y en Madrid, donde vivo, hay muchas flores en los parques. La gente está muy contenta.
En verano, en junio, julio y agosto, hace mucho calor, es sofocante. Los trigos están maduros y el campo es amarillo. Es el período de las vacaciones y mucha gente va a la playa.
Luego llega el otoño con los meses de septiembre, octubre y noviembre. Poco a poco, la naturaleza cambia de color. Hay viento, llueve con frecuencia y las hojas caen de los árboles.
Yo, personalmente, prefiero la primavera porque es una estación muy alegre. ¿Y tú?

**PISTA 19      Actividad 10**
El 15 de diciembre.
El 6 de enero.
El 18 de agosto.
El 3 de octubre.
El 30 de abril.
El 11 de junio.
El 21 de julio.
El 8 de febrero.

### ANALICEMOS Y PRACTIQUEMOS
**B. Madrid, en metro**
**PISTA 20      Actividad 2**
Cojo la línea 8 en dirección Nuevos Ministerios hasta Mar de Cristal; allí cambio a la línea 4 en dirección Argüelles. Goya es la décima parada.

### CREEMOS Y NEGOCIEMOS
**A. Las empresas más admiradas**
**PISTA 21      Actividad 4**
El Grupo ACS es una referencia mundial en la promoción, construcción y gestión de infraestructuras y servicios. La trayectoria de éxito

del Grupo se basa en una organización eficiente y una gestión dinámica, implantada a través de sucesivos procesos de fusión, adquisiciones y planes estratégicos.

Adaptado de www.grupoacs.es.

BBVA es un grupo multinacional de servicios financieros formado por 91.000 empleados, 35 millones de clientes y más de 1 millón de accionistas de 32 países.

Un grupo que cuenta con un modelo de gestión eficiente que tiene como características clave la innovación y el crecimiento y que se apoya en las personas y los equipos, en los principios éticos y en la tecnología.

Adaptado de www.bbva.es.

Zara ofrece las últimas tendencias de la moda internacional. Sus tiendas, ubicadas en las principales áreas comerciales de las ciudades de Europa, América y Asia, ofrecen moda inspirada en el gusto, los deseos y el estilo de vida de la mujer y el hombre de hoy.

Adaptado de www.zara.es.

Con sede en España y presente en más de 70 países, SEAT se dedica a la producción de automóviles. Nuestro prestigioso Centro Técnico, junto con los recursos del Grupo de Marcas de Audi, nos permite disponer de los mejores ingenieros, centros de test y una tecnología automovilística de punta.

Adaptado de www.seat.es.

## CADA DÍA MÁS

### PISTA 22      Actividad 1

La primera diferencia entre las dos Comunidades se verifica durante las fiestas de Semana Santa. Los madrileños, además del Viernes Santo, día festivo en toda España, tienen fiesta el Jueves Santo. En Cataluña el día festivo es el Lunes de Pascua Florida.

Segundo, la Comunidad de Madrid celebra su fiesta de la Comunidad el 2 de Mayo. Los catalanes celebran la Diada de Catalunya el 11 de septiembre.

Tercero, cada Comunidad tiene sus propias fiestas: en Madrid son días festivos el 19 de marzo, día de san José, y el 25 de julio, día de Santiago Apóstol. En Cataluña son días festivos el 24 de junio, día de san Juan, y el 26 de diciembre, día de san Esteban.

Por fin, también son diferentes los días de fiestas locales. Para Madrid: el día del patrono de la ciudad, san Isidro, el 15 de mayo, y el 9 de noviembre, día de la Virgen de la Almudena. Para Cataluña: el Lunes de Pascua Granada, en mayo, y el 24 de septiembre, fiesta de la Mercè, patrona de Cataluña.

# UNIDAD 4
# El mundo laboral

## SENTEMOS BASES
### B. Remuneración e impuestos
### PISTA 23      Actividad 2

En los países europeos, Suiza incluida, los asalariados suelen trabajar cinco meses del año para pagar sus impuestos, es decir, como media, hasta el 30 de mayo. Irlanda es el país donde los asalariados dedican menos días para cumplir con sus obligaciones fiscales. Ellos lo hacen hasta el 20 de abril. Siguen:

Suiza, hasta el 21 de abril;

Polonia, hasta el 30 de abril;

Eslovaquia, hasta el 2 de mayo;

Portugal, hasta el 5 de mayo;

Reino Unido, hasta el 10 de mayo;

Grecia, hasta el 12 de mayo (como España);

Alemania, hasta el 13 de mayo;

Países Bajos, hasta el 23 de mayo;

República Checa, hasta el 27 de mayo;

Luxemburgo, hasta el 2 de junio;

Austria y Bélgica, hasta el 7 de junio;

Italia, hasta el 8 de junio;

Francia, hasta el 11 de junio;

Finlandia, hasta el 14 de junio;

Dinamarca, hasta el 29 de junio;

y por fin Suecia, donde los asalariados trabajan más de seis meses para Hacienda, exactamente hasta el 5 de julio.

## ANALICEMOS Y PRACTIQUEMOS
### A. Hoy en dí@
### PISTA 24      Actividad 6
**María Calvo:**

"Dirigir no tiene que ver con la autoridad necesariamente. Es coordinar, gestionar, liderar y entusiasmar a la gente. Tengo un equipo muy bueno y sé delegar. Cada persona tiene su misión y entre todos conseguimos los objetivos propuestos".

**Manuel González:**

"El éxito o el fracaso viene marcado por el equipo con el que se trabaja. Por eso he dado participaciones a todos los trabajadores y hemos logrado así formar un verdadero grupo. Debido a la implicación del equipo en la empresa muchos empleados están trabajando en ella desde hace más de treinta años, que es mucho cuando se empieza desde cero, como es mi caso".

### B. La jornada laboral
### PISTA 25      Actividad 5

Los períodos de descanso son, quizá, la parte más esperada del año laboral. En España, todos los trabajadores tienen derecho a 30 días de vacaciones anuales. Además, las vacaciones no pueden sustituirse por una compensación económica (en teoría, el descanso también es una obligación).

El empresario está obligado a elaborar un calendario en el que se incluyen el horario de trabajo y la distribución de los días laborales y festivos de cada año. En España pueden celebrarse un máximo de 14 fiestas laborales al año. Estos días festivos deben ser retribuidos y no pueden recuperarse.

Pasa lo mismo con el descanso semanal. Salvo excepciones, suele tener una duración mínima de día y medio, coincidiendo, a ser posible, con el domingo y la tarde del sábado.

### PISTA 26      Actividad 7

Hay que aprender de lo bueno y de lo malo. El trabajo es un tema importante, al que le dedico muchas horas. Pero creo que, igual que te esfuerzas en trabajar, tienes que esforzarte en encontrar vías de escape y pasatiempos para desconectar del trabajo. Los directivos debemos luchar por encontrar más tiempo libre. Todos los lunes me entreno al baloncesto durante hora y media y el domingo juego un partido. El entrenamiento condiciona mi agenda de viajes. Intento ponerlos los martes, miércoles y jueves para no perdérmelo. Y el sábado juego al golf con un grupo de amigos.

*Tomado de Actualidad Económica.*

## CADA DÍA MÁS
### PISTA 27      Actividad 1
**México** es el tercer país de Latinoamérica por extensión, con un total de 1.972.550 kilómetros cuadrados (lo que representa casi el 10% de toda Latinoamérica).

**América Central:**

**El Salvador** es, por extensión, el país más pequeño de Centroamérica con 21.040 kilómetros cuadrados (lo que representa el 4% de toda Centroamérica).

**Panamá** es, de los seis países que forman Centroamérica, el cuarto país por extensión con un total de 78.200 kilómetros cuadrados (aproximadamente, el 15% de Centroamérica).

**Caribe:**

**Cuba** es el país del Caribe con la mayor extensión; su tamaño total es de 110.860 kilómetros cuadrados.

**América del Sur:**

**Venezuela** tiene una extensión de 912.050 kilómetros cuadrados. Es, por su extensión, el sexto país de Sudamérica.

**Bolivia** es el quinto país de Sudamérica por extensión, con un total de 1.098.580 kilómetros cuadrados.

**Argentina** es el segundo país de Sudamérica por extensión, con un total de 2.766.890 kilómetros cuadrados.

### PISTA 28      Actividad 6
El **aymara** es un idioma andino hablado por más de un millón y medio de personas, en las proximidades del lago Titicaca, es decir, en Perú y en Bolivia. También se habla aymara en Chile.

El **quechua** es la lengua de los antiguos incas. Se estima que en Ecuador hay más de un millón y medio de quechua hablantes; en Perú, más de tres millones, y en Bolivia, más de un millón y medio. En Argentina son sólo algunos miles. La cifra total debe ser, aproximadamente, de unos siete millones de quechua hablantes.

# UNIDAD 5
## Promocionando la empresa

### SENTEMOS BASES
#### A. La actividad publicitaria
### PISTA 29      Actividad 8
Noventa anuncios de televisión al día. Esta es la cantidad de *spots* que vemos de media los españoles, lo que nos sitúa en el sexto lugar del mundo y en el primero de Europa en el consumo de publicidad televisiva. Según el estudio realizado por la agencia **Initiative Media**, cada español ve más de 630 anuncios a la semana, muy cerca de neozelandeses, chinos y mexicanos. Y algo más alejados de estadounidenses o indonesios, que sobrepasan los 800 anuncios semanales. Países como Francia, Alemania o Reino Unido no llegan a los 300 anuncios y en Italia se alcanzan los 400. ¿Es inocuo este atracón publicitario?

#### C. Antes y ahora
### PISTA 30      Actividad 1
Jorge López y Pedro Úrbez, directores creativos ejecutivos de Bassat Ogilvy, llevan dos meses trabajando juntos. Antes de dar el salto al mundo de la publicidad, López era camarero en Argentina y su compañero trabajaba como socorrista.

Juan Nonzioli, director creativo general de Shackleton, recuerda viejos tiempos en Argentina en los que repartía cartas montado en una bicicleta. Entonces tenía 18 años y quería hacer anuncios.

Antes de trasladarse a Madrid para hacer realidad su sueño de hacerse un hueco en el mundo de la publicidad, César García, director creativo ejecutivo de JWT, trabajaba como *disk jockey* en bares.

### CREEMOS Y NEGOCIEMOS
#### A. El mecenazgo, otra manera de promocionar la empresa
### PISTA 31      Actividad 2
Guatemala es un país con una población de 10 millones de habitantes, que se distribuyen en un 60% en áreas rurales y un 40% en áreas urbanas. Concentra el mayor índice de población indígena y tiene un bajo índice de desarrollo humano, ocupando el puesto 108 sobre un total de 162 países, según datos del Programa de Naciones Unidas para el Desarrollo (PNUD).

El área occidental del país se caracteriza por el bajo nivel de desarrollo social y económico que alcanzan sus habitantes, mayoritariamente indígenas, en donde el 80% de la población vive en condiciones de pobreza y más del 60% en extrema pobreza. La cobertura educativa es deficitaria, sobre todo en las zonas rurales, debido a la inexistencia de centros educativos y a la falta de recursos y medios para tener acceso a los servicios. A estos problemas hay que añadir también una tasa de analfabetismo de un 39% para los mayores de 15 años, una alta deserción escolar y unas políticas educativas que únicamente fomentan el acceso a la educación primaria y no potencian el resto de las etapas del proceso educativo.

### CADA DÍA MÁS
### PISTA 32      Actividad 2
1. Es el artista de las formas infladas, que se han convertido en una seña de identidad. Se refiere constantemente a su Colombia nativa añadiendo a su obra, no sin humor, un ataque contra una sociedad infantil en su comportamiento. Aquí está el cuadro titulado *La familia*.

2. La fuerza del movimiento, la gran carga expresiva, esa es la obra del pintor ecuatoriano que ha sabido fusionar lo universal con las esen-

cias andinas, traducir el dolor y los colores del continente. *Madre y niño* es un cuadro de 1989.

3. Es el creador de un nuevo lenguaje pictórico. Sus obras se caracterizan por la fusión de la herencia cultural afrocubana con el surrealismo. *Personaje* es una obra de 1973.

4. La pintura constructiva del pintor uruguayo se compone de recuadros organizados según una idea mística del orden del universo y numerosos símbolos provenientes del patrimonio de la humanidad. *Composición en rojo y negro* es de 1938.

5. La técnica del cinetismo virtual caracteriza la obra del artista venezolano que profundiza el estudio de la ambivalencia del color a través de cuadros de diferentes formatos sobre una trama blanca y negra. *Rojo Central* es un cuadro de 1980.

6. El rasgo característico de las obras del maestro chileno es el gesto que se canaliza a través del color, los materiales y también la incorporación de diversos objetos al cuadro, como aquí en *Rojo*.

# UNIDAD 6
# El comercio hoy en día

## SENTEMOS BASES
### A. El sector alimenticio

PISTA 33        Actividad 1

En España existen muchos mataderos y muchas industrias cárnicas. Lo que más comemos los españoles es pollo, luego sigue la carne de cerdo, de vaca y de cordero.

El pescado forma parte de nuestra dieta. Consumimos muchos kilos de pescado fresco y también mariscos, como son las gambas, la langosta o el bogavante.

El consumo de huevos está disminuyendo en el país. Sin embargo, se siguen comprando docenas de huevos que se comen fritos, pasados por agua, duros o en tortilla.

Los embutidos, salchichas y chorizo, se fabrican en España y su producción es muy artesanal.

España se encuentra en el último puesto en el consumo de queso por habitante y año en la Unión Europea, a pesar de ser el séptimo país productor. ¿El tipo preferido? El queso manchego.

La fruta es uno de los productos que más comemos. También es un gran producto de exportación y se venden naranjas, uvas y fresas en cantidad.

Los españoles consumimos muchos litros de leche al año y también muchos productos lácteos. El gasto en yogures, por ejemplo, es muy elevado, así como en muchos derivados lácteos que tienen cada vez más importancia en nuestra dieta.

El sector del agua embotellada está muy atomizado y muy regionalizado debido a la gran cantidad de aguas minerales que posee el país. Consumimos cada vez más agua embotellada, sin gas o con gas.

España es el noveno productor de cerveza del mundo y grandes grupos empresariales, como Mahou/San Miguel, controlan el mercado. Coca Cola sigue dominando el sector de los refrescos. Sin embargo, existen más de 200 empresas productoras de bebidas refrescantes en España.

También existen muchas marcas de zumos. Una de las claves del éxito de las empresas del sector es el lanzamiento de productos bio o enriquecidos que dominan en las ventas actuales.

### B. Una comida de negocios

PISTA 34        Actividad 1

1. Cada persona de las que están comiendo en una mesa.
2. Pieza de tela con la que se cubre la mesa para comer sobre ella.
3. Recipiente que se emplea para poner en él la comida y comerla.
4. Vasija que sirve para beber vino.
5. Utensilio empleado para pinchar los alimentos.
6. Instrumento que sirve para cortar los alimentos.
7. Utensilio utilizado para comer los alimentos líquidos.
8. Pieza de tela que usa cada comensal para limpiarse la boca.
9. Cloruro de sodio empleado para condimentar las comidas.
10. Semillas de sabor picante que se emplean como condimento.

## ANALICEMOS Y PRACTIQUEMOS
### B. Estrategias de comercialización

PISTA 35        Actividad 6

1. La compañía ha lanzado su programa Designjet Online para los clientes de sus impresoras de gran formato. Mantiene un vínculo con ellos a través de Internet, les ofrece productos y les resuelve sus dudas.

2. La enseña de motocicletas ha creado toda una comunidad de usuarios de sus productos, gente que se comunica y que incluso comparte excursiones en moto organizadas por la propia empresa.

## CREEMOS Y NEGOCIEMOS
### B. Una experiencia de Comercio Justo

PISTA 36        Actividad 2

Nicaragua es un país cafetero, la principal variedad que se produce es la Arábica. La producción aproximada es de 817.000 sacos de 60 kg. Hay más o menos 105.000 hectáreas cultivadas de cafetales. 22.000 personas están implicadas en la producción. La recolección es manual. Un 20% de la producción es para consumo interno. Los principales países de exportación son: Alemania, Francia, Benelux, Italia, Reino Unido, España, Estados Unidos y Japón.

## CADA DÍA MÁS

PISTA 37        Actividad 4

España posee, además de su cocina, sus vinos clásicos, conocidos y renombrados mundialmente. La crianza del vino requiere mucho cuidado. Un aspecto muy importante en la vida del vino es el tiempo. Es un elemento que puede modular de forma espectacular la calidad del vino. Además, en el envejecimiento del vino no sólo influye el tiempo sino también el recipiente.

El proceso de envejecimiento consiste en meter el vino en barricas de madera, tradicionalmente de roble, para posteriormente embotellarlo. El tiempo de envejecimiento de los vinos permite clasificarlos, de más joven a más antiguo, en crianza, reserva y gran reserva:
La calificación **crianza** corresponde al vino más joven. El tiempo mínimo establecido para elaborar un crianza es de 2 años para cualquier tipo de vino (tinto, blanco o rosado). De estos dos años, el vino ha debido envejecer al menos 6 meses en la barrica y el resto del tiempo en botella.

**Reserva** es una categoría intermedia entre la juventud de los vinos de crianza y el carácter añejo de los gran reserva. Los vinos de reserva son aquellos que han reposado un año en barrica y otro en botella.

Los vinos pertenecientes a la categoría **gran reserva** deben haber permanecido al menos cuatro años en reposo, dos en barrica y el resto del tiempo en botella. Este largo tiempo de envejecimiento se emplea únicamente para los vinos tintos ya que, por sus características, es la clase de vino que mejor admite este tiempo de maduración.

# UNIDAD 7
## ¡Hablemos de dinero!

### SENTEMOS BASES
#### A. La retribución
#### PISTA 38        Actividad 4

No están en auge los incentivos a largo plazo, como opciones sobre acciones o bonos diferidos. Sólo el 43% de las empresas ofrece este tipo de incentivo.

El bono anual ya es práctica común para casi todas la compañías españolas. El 92% ya lo ha incorporado a su política de personal.

Las empresas que han decidido extender la retribución variable a los mandos intermedios y a los empleados de base han pasado del 28% al 51% en un año.

Está de moda la retribución variable personalizada, que permite mejorar la remuneración en especie al empleado sin aumentar los costes reales para la empresa. La compañía permite al trabajador elegir hasta el 20% del valor de su compensación total en productos o servicios (coche, seguro médico o de vida, bonos guardería o servicios de canguro, etc.) bajo tratamiento fiscal muy ventajoso.

#### B.  El dinero de plástico
#### PISTA 39        Actividad 1

Con su nueva **Tarjeta Premium Clásica BBVA**, la vida le va a resultar mucho más cómoda. Ponemos a su disposición ventajas exclusivas e importantes descuentos que no le pueden ofrecer otras tarjetas y un límite de crédito amplio y adaptable a sus necesidades para realizar sus compras y obtener dinero en efectivo a través de los cajeros o entidades financieras de todo el mundo.

Disfrute de todas las ventajas que le ofrece la Tarjeta Premium BBVA y aprovéchelas, ahora ya son suyas:

Pertenencia a Autoclub Repsol con las siguientes ventajas:
Asistencia en carretera desde el km 0.
El socio y su familia siempre están cubiertos sea cual sea el coche en el que viajen.

Descuentos en carburantes: puede ahorrarse hasta un 5% cada vez que utilice su Tarjeta Premium en estaciones de servicio Repsol, Campsa y Petronor.

Y muchas ventajas más, como descuentos en cadenas de hoteles, alquiler de coches, etcétera.

Libertad para comprar y para pagar. Elija la forma de pago que prefiera: pago total a fin de mes o pago aplazado con una cuota fija mensual. El importe total de sus compras o la cuota fija mensual se carga en su cuenta el día 5 del mes siguiente sin intereses.

La Tarjeta Premium Clásica BBVA tiene una cuota anual de 36 euros, que puede pagar de una vez o mensualmente.

Realizando sus pagos y compras con la **Tarjeta Visa Iberia Oro BBVA**, usted consigue puntos Iberia Plus, que se pueden canjear por vuelos con la compañía Iberia, estancias en hoteles de las principales cadenas hoteleras del mundo, así como descuentos en alquiler de coches.

Consiga puntos pagando sus compras con la Tarjeta Visa Iberia Oro BBVA a razón de 1 punto por cada 15 euros de compra.

Y además, disfrute de todas estas ventajas:

Un límite de crédito de hasta 30.000 euros.

La modalidad de pago que elija: pago a fin de mes o pago aplazado. Para opciones con pago aplazado, el tipo de interés es el 1,70% mensual.

Una amplia cobertura de seguros gratuitos: Seguro de accidentes en viajes para el titular y su familia si los billetes son abonados con la tarjeta; Seguro de asistencia en viaje a personas con cobertura médica.

La Tarjeta Visa Iberia Oro BBVA tiene una cuota anual de 70 euros para el titular y 40 euros para las personas adicionales. El primer año usted sólo tiene que pagar la mitad de la cuota.

### ANALICEMOS Y PRACTIQUEMOS
#### B. Cosas de bancos
#### PISTA 40        Actividad 2

La presencia internacional de BBVA tiene ya un siglo de historia. En 1902, el Banco de Bilbao abre una sucursal en París y, en 1918, una oficina en Londres. Se adelanta así en varias décadas al resto de la banca española.

En la década de 1970, algunos de los bancos que forman el actual BBVA, Banco de Bilbao, Banco de Vizcaya y Banco Exterior, se van configurando como grupos internacionales, con la instalación de oficinas operativas y de representación en las principales capitales financieras de Europa, América y Asia. Asimismo, se producen las primeras incorporaciones de bancos locales de estas áreas geográficas, básicamente de Latinoamérica.

En 1968, el Banco Exterior funda BEX Panamá, convertido en el actual BBVA Panamá.

El Banco de Vizcaya adquiere en 1979 el Banco Comercial de Mayagüez, en Puerto Rico, convertido en BBV Puerto Rico. En 1992 inicia una etapa de crecimiento vía adquisiciones que dan origen al actual BBVA Puerto Rico.

Pero es a partir de 1995 cuando BBV desarrolla una estrategia de expansión internacional que le lleva a construir una gran franquicia en América Latina, realizando una importante inversión en capital, tecnología y recursos humanos.

Actualmente, hay sucursales y oficinas de representación del BBVA, bancos filiales y gestoras de fondos de pensiones en Colombia, Venezuela, Ecuador, Perú, Bolivia, Brasil, Paraguay, Uruguay, Chile, Argentina, México, Panamá, Puerto Rico, Cuba y República Dominicana.

## CADA DÍA MÁS
### A. La comunidad hispana en Estados Unidos
PISTA 41          Actividad 1

Las cifras más recientes de la Oficina del Censo de Estados Unidos revelan que la población hispana radicada en territorio estadounidense ha sobrepasado los 41 millones de personas, número que mantiene a Estados Unidos como la quinta nación hispanohablante del mundo, después de México, España, Colombia y Argentina. Las tres cuartas partes de la población latina están concentradas en siete estados del país: California, Texas, Nueva York, Illinois, Nueva Jersey, Florida y Arizona, sobre todo en ciudades como Los Ángeles, Nueva York, Chicago y Houston, las cuatro más populosas de Estados Unidos.

El poder adquisitivo de los hispanos es de alrededor de 600 mil millones de dólares, lo que hace de la comunidad un grupo de mucho interés para las empresas, tanto en Estados Unidos como en sus países de origen, ya que envían unos 45 mil millones de dólares de remesas a sus familiares. Pero los hispanos no son solamente consumidores, ellos también tienen alma de emprendedores y han creado 2 millones de empresas que facturan un total de 200 mil millones de dólares.

PISTA 42  Actividad 2

Los latinos constituyen un mercado que crece velozmente en los Estados Unidos y ningún inversionista serio puede dejar de tenerlo en cuenta.

Según el analista Marshall Loeb, ex editor de las revistas "Fortune" y "Money", si se está buscando alguna compañía en la cual hacer inversiones, es necesario poner "especial atención" en aquellas que venden al grupo étnico de más rápido crecimiento en el país: los latinos, es decir, los residentes, legales o no, de origen latinoamericano.

Empresas como Kraft, Pepsi y Procter & Gamble están haciendo intensas campañas publicitarias para ganarse a los latinos. Otras compañías, como aquellas de "fast food" (McDonald's, Burger King, entre ellas), publicitan casi más en los canales en español que en inglés.

## UNIDAD 8
## ¿Y después de los estudios?

### SENTEMOS BASES
### A. Empresas de renombre
PISTA 43          Actividad 2

La historia de Danone se inició en los bajos de un humilde inmueble barcelonés, donde el emprendedor Isaac Carasso tuvo la idea de fabricar industrialmente el primer yogur español en 1919.

En 1923, el Colegio de médicos, siguiendo las teorías del profesor Metchnikof, Premio Nobel de Medicina, reconoció las cualidades terapéuticas del yogur. Con ello Carasso obtuvo el aval de la clase médica barcelonesa y, el mismo año, los yogures empezaron a venderse exclusivamente en farmacias.

Simultáneamente, el fundador decidió dotarlos de un nombre comercial y utilizó el patronímico familiar de su hijo Daniel. El apelativo *Danone* es una contracción de dos palabras: *Dan*, el diminutivo de Daniel, y *one* porque el pequeño Daniel era el primogénito.

En 1931, Danone creó su centro de reparto con ¡la primera furgoneta! En 1939, tras la muerte de su padre, Daniel Carasso tomó las riendas de la compañía. Poco después, se exilió a Estados Unidos al estallar la Segunda Guerra Mundial y delegó la dirección de la empresa.

En 1949, el envase de vidrio comenzó a sustituir al de porcelana, lo que facilitó la comercialización de los yogures. Además, la decisión de la compañía de diversificar sus productos fue clave en su crecimiento. Así aparecieron, en 1955, los primeros yogures con aromas. Luego, la empresa lanzó otros derivados lácteos, como los quesos frescos, los flanes, las natillas, el Dan'Up, etc.

En los años 60, la compañía se expandió por toda España. Las instalaciones industriales de Barcelona se modernizaron y se construyeron nuevas fábricas en Madrid, Valencia, Sevilla y Salas, en Asturias.

En 1985, salió a la venta el primer Danone Desnatado, con un 0% de materia grasa y 6 vitaminas. Tres años después, la empresa elaboró el Danone BIO, que aporta todos los beneficios del yogur junto con los del Bifidus Activo.

En 1994, Danone celebró su 75 aniversario y en esta década colaboró en grandes acontecimientos deportivos: fue el Patrocinador Oficial de los Juegos Olímpicos de Barcelona '92 y el proveedor oficial del Mundial '98 en Francia, reconociéndose así toda una labor de profesionales de la alimentación y la salud.

Hoy, es propiedad de una multinacional francesa y su sede central está en París.

## ANALICEMOS Y PRACTIQUEMOS
### B. Preparando una entrevista
PISTA 44          Actividad 1

1. Analiza las competencias que has desarrollado en cada una de las etapas como estudiante, estando de prácticas, y en las experiencias profesionales o extra-profesionales.

2. Redacta una lista de tus éxitos y de tus fracasos, y piensa en lo que has aprendido de cada uno de ellos.

3. Identifica tus cualidades, así como los aspectos en los que puedes mejorar, ilustrando todo con ejemplos.

4. Decide exactamente qué esperas de tu primer (o próximo) trabajo y ordena todos estos criterios por orden de importancia. ¡Puede que te resulte difícil decidir!

5. Piensa si tu experiencia previa se corresponde con el puesto que buscas.

6. Piensa dónde quieres estar… ¡dentro de tres, cinco o diez años!

7. No es suficiente con conocerte a ti mismo, sino que también tienes que conocer la compañía que te interesa. Infórmate bien sobre la empresa para mostrar tu motivación el día de la entrevista.

8. Aprende a venderte.

9. Recuerda llevar una copia del currículum y de la carta de presentación que enviaste a la compañía, las preguntas que todavía tengas y, por supuesto, tu agenda.

10. La primera impresión cuenta. Durante la entrevista, actúa profesionalmente.

## CREEMOS Y NEGOCIEMOS
### B. Un proceso de selección de personal
PISTA 45        Actividad 1

Además de las preguntas tradicionales, las preguntas con trampa, que obligan al candidato a reflexionar, son una moda creciente en los procesos de selección de personal. Muchas empresas aplican a menudo esta fórmula. Aquí tenéis tres ejemplos para poner a prueba la capacidad de vuestros compañeros.

Apuntad cada pregunta y leedlas a toda la clase. El primer candidato que responda gana puntos para el proceso de selección. Las soluciones se encuentran al final del libro, junto con las transcripciones. Estas son las preguntas:

1. Tienes ocho bolas de billar. Una de ellas tiene un defecto: pesa más que las demás. Para averiguar cuál es, dispones de una balanza que sólo puedes utilizar dos veces.

2. Un empleado quiere que le pagues con una onza de oro al día. Dispones de una barra de oro de un valor equivalente a la paga de una semana. La barra está fragmentada en siete partes iguales pero sólo le puedes hacer dos cortes.

3. Tienes cinco tarros llenos de píldoras, uno de los tarros contiene píldoras defectuosas. Lo único que las diferencia es que las buenas pesan 10 gramos y las malas 9 gramos. Dispones de una balanza que sólo puedes usar una vez.

---

Respuestas a las preguntas con trampa.

1. Pones tres bolas en cada lado de la balanza. Si queda equilibrada, la bola defectuosa es una de las dos que dejaste fuera. Las colocas en la balanza, y la que más pese es la que buscabas.

Si, cuando colocas tres bolas en cada lado, uno de los dos lados se desequilibra, ya sabes que la bola es una de esas tres. Desestimas las otras cinco. De esas tres, pesas dos. Si queda equilibrado, la defectuosa es la que has dejado fuera. Si una pesa más que la otra, ya tienes la ganadora.

2. El primer día le das una. Te quedas con una pieza de seis onzas. Ya has realizado un corte. El segundo día cortas una pieza de dos onzas y se la das a cambio de la suya. Tienes en tu poder una barra de cuatro onzas y una onza suelta. Ya has agotado los cortes. El tercer día le entregas la onza suelta. El cuarto día le das la barra de cuatro a cambio de la barra de dos onzas y la onza suelta. El quinto día le entregas la onza suelta. El sexto día le das la barra de dos onzas a cambio de la onza suelta. El último día le das la onza que te queda.

3. Enumeras los tarros del 1 al 5. Coges una píldora del tarro 1, dos píldoras del tarro 2, tres del 3, cuatro del 4 y cinco del 5. En total: 15 píldoras. Si todas son buenas, van a pesar 10 gramos cada una, por tanto, al ponerlas en la balanza, el marcador va a registrar 150 gramos. Pero como en uno de los tarros, cada píldora pesa un gramo menos que las del resto de los tarros, la diferencia que exista entre 150 y el número que registre la balanza, es el número del tarro defectuoso. Es decir, si el peso registra 146 gramos, el tarro cuatro es el defectuoso.

---

## CADA DÍA MÁS

PISTA 46        Actividad 4

**El maíz** sigue siendo en la actualidad la base de alimentación de millones de americanos, indígenas y no indígenas. Se difundió al resto del mundo en la segunda mitad del siglo XVI. China, que es el clásico consumidor de arroz, depende en gran parte de las cosechas del maíz; por ejemplo, una séptima parte de toda la alimentación en aquel inmenso país proviene del maíz.

Para muchos europeos es sorprendente averiguar que **la papa** es originaria de América y desconocen que en sus comienzos fue vista en el "viejo mundo" con recelo y hasta miedo, ya que se creía que causaba lepra. Quienes primero la adoptaron fueron los irlandeses. Actualmente no se puede concebir a Europa sin papas. El desarrollo cultural de los pueblos europeos se debe en gran medida a este noble producto andino, base de su alimentación. Por otra parte, hoy en día, Rusia es su máximo productor mundial.

Aunque hay pocas regiones del mundo en donde **la batata** es el cultivo principal, su elevada producción, tres a cuatro veces mayor que la del arroz, su resistencia a la sequía y su tolerancia para los suelos pobres, la han convertido en un producto de gran importancia. Actualmente, es un alimento muy consumido en Indonesia, China y Japón.

**El cacao** tuvo una gran importancia en el México y Guatemala precolombinos. En aquella época, además de ser utilizado como moneda, era la base de la preparación del xocoatl, conocido luego entre los españoles como chocolate. Las semillas del cacao y la técnica de preparación del chocolate se importaron a España en 1520. Su primera fábrica se estableció en Cádiz y después otra en Portugal. No hace falta insistir sobre su importancia actual en la cultura occidental.

# GLOSARIO

Los números remiten a las páginas del libro. En cursivas aparecen los temas tratados.

## A

abajo, 34-35
abandonar, 80
abanicarse, 91
abanico, el, 90
abaratar, 92
abarcar, 109
abastecedor/a, 49
abono, el, 51
abordar, 120
aborigen, 68
aborigen, el/la, 126
abreviado/a, 117
abreviatura, la, 36
abril, 54
abrir, 40, 57, 59, 88
   abierto/a, 57
absoluto/a, 116
  absolutamente, 58
absorber, 87
aburrido/a, 62
aburrirse, 58
abusivo/a, 64
acabar, 114
academia, la, 82, 111
académico/a, 113
acceder, 65, 101
acceso, el, 66
accidente, el, 48
acción, la, 38, 92, 99
accionista, el, 38
aceituna, la, 88
acepción, la, 97
aceptación, la, 103
aceptar, 60, 102
acercar, 94
aclaración, la, 117
aclarar, 105
acoger, 88
acogida, la, 17, 25
acompañar(se), 66, 97
aconsejable, 89

aconsejar, 30
acordarse, 114
acostumbrado/a, 39
actitud, la, 58
actividad, la, 17
   *actividad publicitaria, la*, 72-74
   *actividades de la empresa, las*, 37
   *actividades de negocio y de ocio*, 51
   *actividades habituales*, 60
activo/a, 117
  activamente, 92
actor, el, 94
actual, 27
  actualmente, 38
actualidad, la, 25, 109
actuar, 88
acudir, 105
acuerdo, el, 64
  de acuerdo, 62
  *acuerdos en la mesa*, 89
acumular, 45
adaptar(se), 90, 92
adecuado/a, 92, 120
adecuar, 72
adelante, 91
además, 20
adherirse, 82
adicional, 99
adiós, 10
adjuntar, 117
adjunto/a, 36
administración, la, 37
  administración de empresas, 118
administrar, 91
admiración, la, 77
admirar, 76
admitir, 124
adoptado/a, 124
adornar, 55
adorno, el, 55
adquirir, 87
adquisición, la, 106-107

adquisitivo/a, 110
adulto, el, 87
aéreo/a, 17
aeróbic, el, 45
aeropuerto, el, 45
afectado/a, el/la, 78
afectar, 63
afirmar, 120
afortunadamente, 64
afrontar, 49
afueras, las, 97
agencia, la, 45
agenda, la, 44, 45
agilidad, la, 92
agosto, 54
agradable, 22
agradecer, 59
agrícola, 95
agricultura, la, 86
agua, el, 87
aguacate, el, 124-125
aguantar, 91
agudizar, 120
ahí, 30, 42
ahora, 20
ahorrar, 66, 88
ahorro, el, 91
aikido, el, 34
aire, el, 97
ají, el, 124-125
ajo, el, 88
ajustarse, 73
albañil, el, 118
alcachofa, la, 96-97
alcanzar, 88
alegre, 23
alejado/a, 111
algo, 85
algodón, el, 124
alguien, 85
algún, alguno/a/85
alimentación, la, 46

dominio, el, 116
don, 117
donar, 100
doña, 117
dormir, 45-46, 85, 112
Dpto., 36
droga, la, 125
duda, la, 73-74
dudar, 20-19
dueño/a, 20
dulce, 124
duración, la, 62
duradero/a, 106
durante, 51
durar, 33
duro/a, 88

# E

eco, el, 39
ecológico/a, 107
economía, la, 40, 62, 118
económico/a, 36
ecosistema, el, 95
*Ecuador*, 68
echar, 88
edad, la, 19
    3ª edad, la, 49
edificio, el, 82
educación, la, 78
educar, 94
educativo/a, 80
efectividad, 73-74
efectivo/a, 73
    efectivamente, 30
efectivo, el, 102
efecto, el, 73
eficacia, la, 74
eficiencia, la, 62
eficiente, 20
ejecutivo, el, 65, 66-67
ejemplo, el, 78
ejercer, 78, 113
ejercicio, el, 53
elaboración, la, 87
elaborado/a, 52
elección, la, 89
electricidad, la, 92
eléctrico/a, 109
electrodoméstico, el, 16
electrónica, la, 66
electrónico/a, 91
elegancia, la, 89
elegido/a, 82
elegir, 59, 103
elemento, el, 96
elevado/a, 90, 102
elevar, 99

eliminar, 103
e-mail, 19
embargo (sin), 62
embotellado/a, 114
embutido, el, 87, 97
emergencia, la, 103
emigrar, 40
emisión, la, 106
emisora, la, 73-74
emoción, la, 73
empezar, 36, 46, 126
empleado/a, el/la, 33, 39
empleo, el, 20-19
emprendedor/a, 111
emprender, 91
empresa, la, 16, 20-19
    *empresas de renombre*, 114-115
    *empresas españolas*, 17
    *empresas líderes*, 38
    *empresas más admiradas, las*, 52-53
    *empresas: nacionalidades y productos*, 16
    *en qué empresa quieres trabajar*, 122
empresarial, 36, 66
empresario, el, 66
enanismo, el, 78
enano, el, 78
encajar, 120
encantar, 42
encarecer, 103
encargarse, 48
encerrarse, 121
encontrar, 46, 58-59
encuentro, el, 16
endeudarse, 103
energía, la, 52
enero, 47, 54
énfasis, el, 117
enfermedad, la, 39
enfermería, la, 118
enfrentarse, 91
enfrente (de), 30-31
engañarse, 104
enriquecer, 58-59
enriquecido/a, 87
ensalada, la, 45
enseñanza, la, 120
entender, 11
entendimiento, el, 89
entero/a, 117
entidad, la, 53
entonces, 20
entorno, el, 65
entrada, la, 82, 118
entrante, el, 97
entrar, 81, 91
entregar, 123
entrenarse, 65
entrevista, la, 117

*entrevista de trabajo, la*, 119
enumerar, 116
envase, el, 87
envejecimiento, el, 97
enviar, 60
equilibrar, 107
equilibrio, el, 95
equipaje, el, 16
equipo, el, 22
equivocarse, 91
erradicar, 107
error, el, 20-19
ESADE, 36
esbelto/a, 114
escaleras, las, 31
escaparate, el, 120
escaso/a, 80
esclavo, el, 76
escoger, 72, 81, 122
escolar, 80
escribir, 11, 57
    escrito/a, 57, 73
escritor/a, el/la, 34
escuchar, 90
escuela, la, 39
escultor/a, el/la, 82
escultura, la, 82
esforzarse, 91
esfuerzo, el, 90
eslabón, el, 92
eslogan, el, 60
espacio, el, 39
*España*, 41
especial, 51
    especialmente, 92
    en especial, 89
especializado/a, 65
especie, la, 100
especie, en, 100
especificar, 116
espectacularmente, 97
espectáculo, 73
especulación, la, 107
especulador/a, el/la, 94
espera, la, 117
esperar, 17
espeso/a, 88
esposo/a, el/la, 34
espot, el, 78
esquina, la, 40
establecer, 39
establecido/a, 27
establecimiento, el, 25, 87, 95
estación, la, 48, 73
    estación de radio, la, 74
*estaciones del año, las*, 47
estadística, la, 111
*estado civil, el*, 23

formar, 20-19
> formar parte, 20

fórmula, la, 60
fortalecer, 80
fortuna, la, 118
forzosamente, 120
fotocopiadora, la, 31-32
fotografía, la, 39
> foto, la, 23

fracaso, el, 74
fractura, la, 76
frase, la, 58
fraude, el, 103
frecuencia, la, 51, 73
frecuente, 87
freír, 57
> frito/a, 57

freno, el, 104
frente a/58
fresa, la, 125
fresco/a, 87
frigorífico, el, 86
fríjol (fréjol), el, 124-125
frío/a, 88
frontera, la, 68
frugalidad, la, 97
fruta, la, 55, 86
frutilla, la, 125
fruto, el, 92, 124
fuego, el, 78
fuente, la, 59
fuera (de), 66
fuerte, 23
> fuertemente, 124

fuerza, la, 87
función, la, 63
funcionamiento, el, 95
funcionar, 107
funcionario/a, 108
fundación, la, 38
fundador/a, 38
fundamental, 89
fundamentalmente, 72
fundar, 82
fusión, la, 53
fútbol, el, 22
futbolista, el, 76
futuro/a, 20
futuro, el, 20

# G

gafas, las, 60
gallina, la, 96-97
gama, la, 116
gamba, la, 96-97
gana, la, 118
ganador/a, el/la, 114

ganancia, la, 103
ganar, 58
garantía, la, 99
garantizar, 64, 88, 103
garbanzo, el, 96-97
gas, el, 60, 92
gasista, 53
gasolinera, la, 102
gastar(se), 78, 86, 88, 103
gasto, el, 74, 103
gastronomía, la, 87
> *gastronomía en España, la*, 96-97

gastronómico/a, 97
gazpacho, el, 88
generación, la, 59
general, 89
> en general, 58
> generalmente, 72
> por lo general, 58

generalizar(se), 62, 87
generar, 73
género, el, 99
gente, la, 39
genuinamente, 114
geográfico/a, 65
gerencia, la, 111
gestión, la, 53
> gestiones, las, 66

gestionar, 100, 107
gigante, 53
gimnasia, la, 44
gimnasio, el, 44
girar, 76
giro, el, 91
global, 38
globalizado/a, 122
gobernado/a, 52
golf, el, 51
*Google España*, 24
gracias, 11
> gracias a/92

grado, el, 87
graduado/a, 80
gráfico, el, 109
gramo, el, 88
grande, 25
grano, el, 114
gratificante, 118
gratuito/a, 99
grifo, el, 114
grupo, el, 24-23
> grupo internacional, 38

guacamole, el, 125
guanábana, la, 124
guaraní, el, 69
guardería, la, 100
*Guatemala*, 80
guayaba, la, 124-125

guerra, la, 82
> guerra civil, la, 82

guiar, 90
guisante, el, 96-97
guiso, el, 96
guitarra, la, 13
gustar, 33, 42
gusto, el, 89
> a gusto, 120
> *gustos y preferencias*, 33

# H

haber, 43, 112, 126, 127
habilidad, la, 116
hábito, el, 66
habitual, 62
> habitualmente, 94

habla, el, 24
hablar, 22, 26
hacer, 39, 42, 45-46, 71, 112, 126
> hecho/a, 57

Hacienda, 61
halago, el, 58
harto/a, 118
hay, 31
> hay que, 71

hecho, el, 66
heredar, 90
heredero, el, 91
herencia, la, 91
hermano/a, el/la, 22-21
herramienta, la, 24
hielo, el, 89
higiene, la, 109
hijo/a, el/la, 20-19
hipoteca, la, 106-107
hispano/a, 26
hispano/a, el/la, 110
*Hispanoamérica*, 26, 68
hispanoamericano/a, 26
hispanohablante, 26
historia, la, 40
> *historia de BBVA*, 106
> *historia de Danone*, 115
> *historia de El Corte Inglés*, 40

historiador/a, el/la, 124
histórico/a, 81
hogar, el, 86
hogareño/a, 99
hoja, la, 47
hola, 10
hombre, el, 20-19
honesto/a, 20
hora, la, 22
> *hora, la*, 21
> *veinticuatro horas del día, las*, 33

horario, el, 20-19

nativo/a, 69
natural, 111
naturaleza, la, 66, 76
naturalidad, la, 89
navegante, el, 27
Navidad, 54, 55
   *Navidad*, 55
necesario/a, 62
necesidad, la, 66
necesitar, 22, 103
negar, 104, 107
negociador/a, 89
negociar, 92
negocio, el, 51, 91
neumático, el, 16
*Nicaragua*, 95
nieve, la, 47
ningún, ninguno, 85
niño/a, el/la, 40
nivel, el, 25
noción, la, 116
nocturno/a, 74
noche, la, 34
Nochebuena, la, 55
Nochevieja, la, 55
nombramiento, el, 36
   *nombramientos, los*, 36
nombrar, 36
nombre, el, 19
   *nombres, los*, 14
normal, 51
norte, el, 26, 68
*Norteamérica*, 26
norteamericano/a, 24
nota, la, 114
notar, 87
noticia, la, 117
noticiario, el, 74
novela, la, 65
noviembre, 54
novio/a, el/la, 34
núcleo, el, 109
nuevo/a, 17
   de nuevo, 45
    Nuevo Mundo, el 124
numeración, la, 124
número, el, 12
numeroso/a, 103
nunca, 34-35, 43, 51

# O

objetivo/a, 72
objeto, el, 97
obligación, la, 61
obligar(se), 100, 120
obligatorio/a, 65
obra, la, 73, 82-83, 99

observar, 117
obtener, 82, 94, 103
obvio/a, 59
ocasión, la, 58
occidental, 124
occidente, el, 13
océano, el, 68
ocio, el, 62, 65
octubre, 54
ocupación, la, 34
ocupar, 36, 80
   ocuparse de, 65
ocurrir, 48
oeste, el, 68
ofender, 78
   *cómo responder a una oferta de empleo*,
116-117
   oferta de empleo, la 116-117, 123
oferta, la, 25, 95
oficial, 26
oficina, la, 22, 31
   *oficina, la*, 31-32
ofrecer, 60, 71, 81, 103
ogro, el, 34
oír, 71, 85
ojo, el, 90
   ojo, 102
oliva, la, 88
olvidar, 89
onda, la, 66
ONG, 100
opción, la, 99
   opciones sobre acciones, las, 99
opcionalmente, 117
operación, la, 38
operador/a, el/la, 38
operar, 38
opinar, 20-19
opinión, la, 23
oportunidad, la, 89
oposición (por), 99
oprimido/a, 82
optar, 54
optimizar, 66
orden, el, 116
ordenador, el, 66
organigrama, el, 37
organismo, el, 105
organización, la, 53
organizado/a, 23
organizar(se), 39, 91
origen, el, 37
original, 100
originalmente, 39
originario/a, 110
oro, el, 27
oscuro/a, 89
otoño, el, 47

otorgado/a, 107
otro/a, 34
oyente, el, 73-74

# P

pactado/a, 64
padre, el, 20-19
paella, la, 96-97
pagar, 55
página, la, 25
   *página de acogida del sitio Sol Meliá*, 25
pago, el, 100
país, el, 24
   *países americanos*, 68
   *países europeos*, 61
   *países hispanoamericanos*, 26
paladar, el, 96
palta, la, 125
pan, el, 88
panel, el, 73
pantalón, el, 89
papá, 90
papa, la, 124-125
papaya, la, 124
papel, el, 45, 114
par, el, 104
   a la par, 111
parada, la, 73
parafrasear, 78
paralelamente, 87
parar, 102
parecer, 31, 42, 71
parecer, el, 102
pareja, la, 87
parlamento, el, 82
paro, el, 62-63
parque, el, 33
párrafo, el, 116-117
parte, la, 27
participación, la, 63
participante, el/la, 120
particular (en), 111
particularismo, el, 125
partido, el, 22, 74, 111
pasado/a, 53, 117
pasado, el, 64
pasajero, el, 38
pasar, 22, 88
pasatiempo, el, 65
pasear, 33
pasillo, el, 31 -32
paso, el, 72
pastas, las, 16
patata, la, 96-97
patilla, la, 125
patrimonio, el, 111
paulatinamente, 97

reflejar, 73
reforma, la, 82
reforzar, 38
refrán, el, 90
regalo, el, 55
regatear, 75
régimen, el, 54
región, la, 68
regional, 54
regla, la, 90
regresar, 33, 49
regreso, el, 44
regulado/a, 78
reírse, 58-59
relación, la, 81
relacionar, 17, 45
relajarse, 65
relativamente, 75
religión, la, 89
religioso/a, 89
reloj, el, 16
remesa, la, 110
remitente, el, 117
remojado/a, 88
remoto/a, 124
remuneración, la, 61
    *remuneración e impuestos*, 5
rendir cuentas, 53
renombre, el, 20-19
renovarse, 75
renta, la, 61
rentabilidad, la, 62-63
rentable, 63
reñir, 20
reparación, la, 100
repetir, 11, 58-59
repollo, el, 96-97
representación, la, 55
representante, el/la, 111
representar, 61
representativo/a, 96
reputación, la, 53
requisito, el, 116
reserva, la, 38
residencia, la, 66
residente, 80
residir, 73
resistente, 125
resolver, 103
respectivamente, 53
respectivo/a, 109
respecto a/78
respetar, 52, 122
respeto, el, 94
responder, 45-46
responsabilidad, la, 23
responsable, 52
restaurante, el, 31

restaurar, 81
resto, el, 111
resultado, el, 53
resultante, 100
resultar, 74
resumir, 20-19
retención, la, 120
retener, 120
reticente, 39
retirada, la, 78
reto, el, 122
retraso, el, 33
retrato, el, 82
retribución, la, 100
    *retribución, la*, 100-99
    *retribución variable, la*, 99
retribuido/a, 64
retributivo/a, 100
reunión, la, 32, 33
reunir, 95, 116
reunirse, 44, 45, 46
revisar, 45-46
revisión, la, 104
revista, la, 74
rey, el, 91
    *Reyes*, 55
rezar, 73
rico/a, 96, 104
rico/a, el/la, 76, 107
riesgo, el, 64
río, el, 27
riqueza, la, 76
risa, la, 66
ritual, el, 75
robar, 49
robo, el, 102
rodear, 76, 104
*Rojo central*, 83
*Rojo*, 83
romper, 89
ropa, la, 73
rosa, la, 76
roscón, el, 55
RR HH, 36-37
rubio/a, 114
rural, 80

## s

socio/a, 48-49
sábado, el, 44
saber, 30, 71, 112, 126
sabor, el, 87
sacar, 74, 126
sacerdotisa, la, 82
sacrificar, 87
sacrificio, el, 59, 87
sal, la, 87, 89

sala, la, 32
salarial, 122
salario, el, 37
salida, la, 27, 103
salir, 22, 56, 60, 71, 112
salmo, el, 114
salsa, la, 96
saltar, 22
saltarse, 92
saludar, 117
saludo, el, 117
    *saludos, los*, 8-9
sambenito, el, 78
sandía, la, 125
santería, la, 82
satisfacción, la, 59
satisfacer, 81
    satisfecho/a, 58
secado, el, 87
secador, el, 87
secretaria, la, 36
secreto/a, 60
sector, el, 17
    *sector alimenticio, el*, 86-88
    *sectores de actividad*, 17
    *sectores de la Bolsa de Madrid*, 108-109
secundario/a, 80
sede, la, 66
segmentación, la, 73
segmentar, 72
segmento, el, 92
seguir, 59, 73, 113
según, 55
segundo/a, 89
segundo, el, 48
Seguridad Social, la, 61
seguro/a, 90
seguro, el, 49, 52
selección, la, 123
    *selección de personal*, 123
seleccionar, 99
selectivo/a, 38
semana, la, 34
semanal, 62
seminario, el, 120
sencillo/a, 51
senderismo, el, 34
sensato/a, 105
sensibilizar, 107
sensibilizarse, 80
sensible, 92
    sensiblemente, 92
sentar, 118
sentencia, la, 91
sentido, el, 62
sentir, 71, 85, 112
sentirse, 58-59
señalar, 72

tercero, el, 104, 109
terminado/a, 88
término, el, 26
ternera, la, 96-97
terreno, el, 120
terrible, 20
territorial, 92
territorio, el, 27
test, el, 53
testarudo/a, 20
testimonio, el, 124
textil, el, 17, 66
tibio/a, 87
tiempo, el, 45
tienda, la, 40
tino, el, 74
tío/a, el/la, 23
típico/a, 45
tipo, el, 74, 118
    tipo de interés, 99
    *tipos de retribución, los,* 100-99
    *tipos de venta,* 88
tique, el, 100
tirar, 74
titulación, la, 122
titular, el/la, 103
título, el, 25, 51
tocar, 59, 118
tocino, el, 96-97
todavía, 60
todo/a, 51
    sobre todo, 39
toma, la, 89
    toma de conciencia, la, 94
    toma de contacto, la, 89
tomar(se), 32, 60, 78
tomate, el, 88, 96-97, 124-125
tope, el, 64
toque, el, 114
torno a (en), 94
tortilla, la, 125
tortura, la, 118
tostador, el, 95
total, 69
total, el, 75
    totalmente, 38
trabajador/a, el/la, 64
trabajar, 20-19,
    *trabajo y ocio,* 65
    *trabajo y vida privada,* 23
trabajo, el, 23, 77
tradición, la, 55
tradicional, 55
    tradicionalmente, 91
traer, 66, 71, 85, 126
tráfico, el, 33
traje, el, 89
trámite, el, 104

trampa, la, 102
tranquilo/a, 58
transacción, la, 94
transcurrir, 82
transformación, la, 94
transformar(se), 40, 76
transmisión, la, 77
transmisor, el, 73
transmitir, 76, 81
transparencia, la, 94
transportar, 38
transporte, el, 17
tras, 82
trasladarse, 82
tratamiento, el, 109
tratarse de, 24
trato, el, 78
través de (a), 66
trayectoria, la, 116
tren, el, 51
trigo, el, 47
triunfar, 92
    *cómo triunfan los líderes,* 92
tropical, 95
trozo, el, 88
turismo, el, 17
turista, el/la, 51
turístico/a, 51
turrón, el, 55

# U
ubicación, la, 30
    *ubicación, la,* 30-31
ubicar, 69
ubicarse, 34
último/a, 48
un, uno, 32
único/a, 69
    únicamente, 104, 113
unido/a, 23
unilateralmente, 65
unir, 38
unirse, 94
universal, 124
universidad, la, 20-19
universitario/a, 80
urbanístico/a, 109
urbano/a, 25, 87
urgentemente, 113
uso, el, 51
usualmente, 89
usuario/a, el/la, 103
utensilio, el, 91
útil, 124
utilidad, la, 124
utilización, la, 51
utilizar, 45-46, 88
uva, la, 55

# V
vacacional, 25
vacaciones, las, 45, 64
vainilla, la, 124-125
valer, 35, 71
validez, la, 120
válido/a, 120
valor, el, 20-19, 59, 107
valorar, 116, 117
valla, la, 72-73
vanguardia, la, 82
variable, 100
variación, la, 69
variado/a, 82
variar, 102
variedad, la, 78
    *variedad del español, la,* 125
varios/as, 38
vecino/a, 24
vegetal, el, 96
vehículo, el, 53
vejez, la, 108
vendedor, el, 77
vender, 38, 76, 88, 91
    *vender o no vender,* 91
    *vender un coche,* 74-75
venir, 46, 71, 85, 112, 126
venta, la, 37-38, 75
ventaja, la, 66
ventajoso/a, 73-74
ver, 45-46, 57, 71, 84, 85
    visto/a, 57
verano, el, 47
veraz, 116
verdad, la, 20-19
verdadero/a, 35
verde, 88
verdura, la, 88, 96
verificar, 48-49
vestimenta, la, 89
vestir(se), 58-59, 85, 89
vez, la, 51
    a veces, 39, 51
    de vez en cuando, 51
    tal vez, 124
vía, la, 73
viajar, 38
viaje, el, 33
viajero/a, 102
vida, la, 23
    *vida laboral, la,* 58
vídeo conferencia, la, 66
viejo/a, 74
viento, el, 47
viernes, el, 44
vigente, 64
vigilante, el, 118
vinagre, el, 88

# ÍNDICE GRAMATICAL

Los números remiten a las páginas del libro. En cursivas aparecen los temas tratados.

## H

*haber*, 43, 112, 124
    *haber de* + infinitivo, 127
*hacer*, 42, 57, 61, 112, 124
    *desde hace*, 43
    *hace*, 43
    *hace… que*, 43
*hasta*, 54
*hay*, 21
    *hay que* + infinitivo, 61

## I

idioma formal, 18
idioma informal, 18
imperativo:
    afirmativo, 99
    negativo, 99
    verbos irregulares, 112
imperfecto cf. pretérito imperfecto
impersonalidad, la, 61
indefinidos:
    afirmativos, 85
    de cantidad, 85
    negativos, 85
indicativo cf. los tiempos
    indicativo ≠ subjuntivo, 99
infinitivo (formas enclíticas), 50, 60, 98
interrogación (puntos de), 29
interrogativos, 43
*ir*, 29, 84, 85, 112, 124
    *ir a* + infinitivo, 61

## J

jugar, 54

## L

*lanzar*, 113
*leer*, 85
letras, las, 12
*levantarse*, 113
*llegar*, 113, 124
*llamarse*, 29
*lo*, 61

## M

marcadores de frecuencia, 51
marcadores de lugar, 30-32, 54
marcadores de tiempo, 54
*más… que*, 61, 70
*mayor*, 70
*mejor*, 57, 70
*menor*, 70
*menos… que*, 61, 70
*mil*, 44

modificaciones ortográficas, 113, 124
*morir*, 57, 85
*mucho*, 85
*mucho/a/os/as*, 85
*muy*, 85, 99

## N

*nada*, 85
*nadie*, 85
necesidad, la, 99
negación, la, 43
neutro, 42, 71
*ni*, 43
    *ni siquiera*, 85
*ningún, ninguno/a/os/as*, 85
*no*, 43
números:
    0 a 17, 14
    16 a 42, 18
    50 a 193, 32
    200 a 1.000.002, 44
    centenas, las, 44
    *billón, el*, 87
    *mil*, 44
    *millón, el*, 87
*nunca*, 43

## O

obligación, la:
    *hay que* + infinitivo, 71
    *tener que* + infinitivo, 45
*ofrecer*, 71
*oír*, 71, 85
opinión, la, 99
ortografía, la, 13

## P

*para*, 98
    *para que* + subjuntivo, 87
*parecer*, 42, 71
participio pasado, 43
    irregularidades, 57
pasado, el, 127
*pedir*, 71, 85, 112
*pensar*, 46, 56, 112
*peor*, 70
*pero ≠ sino (que)*, 57
plural, el, 28, 57
pluscuamperfecto cf. pretérito
pluscuamperfecto
*poco/a/os/as*, 85
*poder*, 46, 56, 85, 124
*poner*, 57, 71, 85, 112, 124
*por*, 56, 98
    *por qué*, 42, 43

*porque*, 42
posesivos:
    adjetivos, 29, 84
    pronombres, 84
preposiciones:
    de lugar, 54
    de tiempo, 54
    *por y para*, 98
presente de indicativo:
    diptongación, 46, 54
    irregularidad de 1ª persona, 71
    verbos en –ir, 71
    verbos en –uir, 54
    verbos regulares, 29
presente de subjuntivo:
    verbos irregulares, 112
    verbos regulares, 98
pretérito imperfecto, 84, 127
pretérito indefinido:
    uso del tiempo, 127
    verbos irregulares, 124
    verbos regulares, 124
pretérito perfecto, 43, 57
pretérito pluscuamperfecto, 126, 127
probabilidad, la, 99
pronombres personales:
    colocación, 60, 70
    complemento directo, 70, 84, 98
    complemento indirecto, 84, 98
    con el imperativo, 113
    con preposiciones, 42, 84
    forma enclítica, 60, 70, 98
    reflexivos, 29
    sujeto, 29
pronunciación, la, 12-13
*proponer*, 71

## Q

*qué*, 43
*querer*, 124
*quién, quiénes*, 43

## S

*saber*, 71, 112, 124
*sacar*, 124
*salir*, 56, 71, 112
*se*, 71
*seguir* + gerundio, 73
*sentir*, 71, 85, 112
*ser*, 29, 84, 112, 126, 127
*sí*, 42, 43
*si*, 42, 113
*sino (que)*, 57
sílaba tónica, la, 14
simultaneidad: *al* + infinitivo, 64
*sobre*, 57